时代印记

王志艳◎编著

牛顿

延边大学出版社

图书在版编目（CIP）数据

寻找牛顿 / 王志艳编著 . —延吉：延边大学出版
社，2013.8(2020.7 重印)
ISBN 978-7-5634-5919-3

Ⅰ . ①寻… Ⅱ . ①王… Ⅲ . ①牛顿，
I.（1642 ～ 1727）—传记—青年读物②牛顿，
I.（1642 ～ 1727）—传记—少年读物 Ⅳ .
① K835.616.11-49

中国版本图书馆 CIP 数据核字 (2013) 第 210653 号

寻找牛顿

编著：王志艳
责任编辑：孙淑芹
封面设计：映像视觉
出版发行 延边大学出版社
社址：吉林省延吉市公园路 977 号 邮编：133002
电话：0433-2732435 传真：0433-2732434
网址：http://www.ydcbs.com
印刷：唐山新苑印务有限公司
开本：690×960 1/16
印张：11 印张
字数：100 千字
版次：2013 年 8 月第 1 版
印次：2020 年 7 月第 3 次印刷
书号：ISBN 978-7-5634-5919-3
定价：29.80 元

前言

　　历史发展的每一个时代，都会有对后世产生巨大影响的人物，都会有推动我们前进的力量。这些曾经创造历史、影响时代的英雄，或以其深邃的思想推动了世界文明的进步，或以其叱咤风云的政治生涯影响了历史的进程，或以其在自然科学领域中的巨大成就为人类造福……

　　总之，他们在每个时代都留下了深深的印记，烙上了特定的记号。因为他们，历史的车轮才会不断前进；因为他们，每个时代的内容才会更加精彩。他们，已经成为历史长河的风向标，成为一个时代的闪光点，引领着我们后人走向更加深邃的精神世界和更加精彩的物质世界。

　　今天，当我们站在一个新的纪元回眸过去的时候，我们不能不提起他们的名字，因为是他们改变了我们的世界，改变了人类历史的发展格局。了解他们的生平、经历、思想、智慧，以及他们的人格魅力，也必然会对我们的人生产生深刻的影响。

　　为了能了解并铭记这些为人类历史发展做出过巨大贡献的人物，经过长时间的遴选，我们精选出一些最具影响力、最能代表时代发展与进步的人物，编成这套《时代印记》系列丛书，其宗旨是：期望通过这套青少年乐于、易于接受的传记形式的丛书，对青少年读者的成长产生潜移默化的影响，使他们能够从中吸取到有益的精神元素，立志奋进，为祖国、为人类作出自己的贡献。

前言

本套丛书写作角度新颖，它不是简单地堆砌有关名人的材料，而是精选了他们一生当中最富有代表性的事迹与思想贡献，以点带面，折射出他们充满传奇的人生经历和各具特点的鲜明个性，从而帮助我们更加透彻地了解每一位人物的人生经历及当时的历史背景，丰富我们的生活阅历与知识。

通过阅读这套丛书，我们可以结识到许多伟大的人物。与这些伟人"交往"，也会进一步提高我们的思想品格与道德修养，并以这些伟人的典范品行来衡量自己的行为，激励自己不断去追求更加理想的目标。

此外，书中还穿插了许多与这些著名人物相关的小知识、小故事等。这些内容语言简练，趣味性强，既能活跃版面，又能开阔青少年的阅读视野，同时还可作为青少年读者学习中的课外积累和写作素材。

我们相信，阅读本套丛书后，青少年朋友们一定可以更加真切、透彻地了解这些伟大人物在每个时代所留下的深刻印记，并从中汲取丰富的人生经验，立志成才。

导　言

Introduction

艾萨克·牛顿（1643—1727），英国著名的物理学家、数学家和哲学家。他以世所罕见的智慧独立发明了微积分，发现并用数学方法阐明了万有引力定律和三大运动定律，较为完整、正确地建立了现代光学理论体系，为人类科学事业的进步作出了卓越的贡献。

牛顿出生于英国林肯郡的伍尔兹索普乡村。他的童年极其不幸，出生之时父亲已经去世，母亲也在几年后改嫁。这一切造就了牛顿孤独、偏执、敏感的性格。小时候的牛顿资质平平，除了善于制作各种小机械之外，并没有比同龄人聪明的地方，学习也不大用功。直到中学时代，他才提起学习兴趣，他那天才式头脑里蕴藏的科学天赋才得以开发。

中学期间，母亲曾一度让牛顿辍学回家，期望他能像他的祖父一样，成为一个出色的农场主。幸运的是，他的舅舅威廉·艾斯库和格兰瑟姆中学校长斯托克斯教授发现了他身上与众不同的地方，说服他的母亲，让他重返校园，并最终得以考入剑桥大学三一学院。从此之后，牛顿的科学天赋得到了真正的开发，并为其日后的发明与发现奠定了坚实的知识基础。

1665年，英国爆发了罕见的瘟疫，三一学院被迫关闭，牛顿也提前毕业，回到故乡。在避难的这18个月里，牛顿的天才像火山一样喷发出来。在短短的时间里，年轻的牛顿不但初步创立了微积分，还发现了万有引力和三大运动定律，阐释了光的性质与颜色理论。在日后的岁月里，他的大部分研究活动都是围绕这些伟大的真理而展开的。毫不夸张地说，这三项伟大功绩中的任何一项都足以使一名科学家名垂青史，而牛顿则将其全部包揽了。

　　牛顿在科学的道路上越走越远，成为当时欧洲，乃至整个世界最伟大的科学家。他也先后被选为三一学院主修课研究员、卢斯卡数学讲座教授、英国皇家学会会员和主席，成为欧洲科学界名副其实的泰斗。不幸的是，牛顿过早地耗尽了他的科学才能，在晚年逐步转向政治、神学与炼金术。直到今天，人们提起这些事情时仍为他惋惜不已！

　　但无论如何，牛顿都不愧为人类历史上最伟大的科学家之一。法国著名的启蒙思想家伏尔泰曾经赞誉牛顿为最伟大的人，因为"他用真理的力量统治我们的头脑，而不是用武力奴役我们"；亚历山大·波普在为牛顿撰写的墓志铭中则盛赞说："自然和自然原理隐藏在黑夜中。上帝说，让牛顿发现他们吧！于是，我们的世界得到了一片光明。"

　　本书从牛顿的儿时生活开始写起，一直追溯到他所取得的伟大科学成就，再现了牛顿具有传奇色彩的一生，旨在让广大青少年朋友了解这位科学巨人不平凡的人生经历，学习他那种对理想坚持不懈、面对困难百折不挠的坚毅精神。

目录
contents

时代印记　目录

1

第一章　没见过父亲的孩子

如果说我比别人看得更远些，那是因为我站在巨人的肩上！

——牛顿

（一）

漫长的中世纪被历史学家称为"欧洲的黑暗时代"。为了维护独裁统治，作为封建社会精神支柱的基督教会建立了一套严格的等级制度，宣扬上帝的绝对权威。为了达到目的，教会甚至设立了"宗教裁判所"，疯狂迫害敢于怀疑上帝绝对权威的进步人士。西欧人民在教会和世俗王权的双重统治下，没有丝毫人身自由可言。

在教会的严格管制之下，欧洲的文学和艺术界一片死寂，科学技术也没有取得什么进步。中世纪后期，随着资本主义萌芽的出现，人们才开始广泛地要求摆脱神学的束缚，实现"人的自由"。在这种背景下，一场从意大利开始的席卷整个欧洲的文艺复兴运动轰轰烈烈地展开了。

文艺复兴是一场弘扬资产阶级文化的思想运动。它以人文主义精神为核心，提倡人性，反对神性，主张人生的目的是追求世俗的幸福，倡导个性解放，反对愚昧迷信的神学思想。一时间，人的力量迸发出来，文学、艺术、哲学等人文学科出现了全面繁荣的景象。天文学、物理学、数学等自然学科也得到了极大的发展。

1543年，波兰天文学家哥白尼（1473—1543）在临终前出版了《天体运行论》，提出了与教会奉行的"地心说"体系完全不同的"日心说"体系。

在公元前4世纪，古希腊学者欧多克斯创立了"地心说"，后来亚里士多德又进一步发展了这种学说。他们认为，宇宙是一个有限的球体，分为天地两层，地球位于宇宙中心，日月星辰都围绕地球运行，而推动日月星辰围绕地球运动的力量则来自全知全能的上帝的安排。作为古希腊的最后一位大天文学家，托勒密又全面承袭并完善了亚里士多德的"地心说"。

"地心说"与《圣经》中关于天堂、人间、地狱的说法刚好互相吻合，处于统治地位的教会便竭力支持地心学说，把"地心说"和上帝创造世界融为一体，用来愚弄人们，维护自己的统治。因而，"地心说"被教会奉为和《圣经》一样的经典，长期在科学界居于统治地位。

而哥白尼在《天体运行论》中明确指出：

"地球不是宇宙的中心，太阳才是行星系统的中心，比它小的行星便在它的周围旋转着，而地球只是其中之一，在距太阳几百万千米的轨道上，以很快的速度移动着。"

《天体运行论》刚一出版就在欧洲掀起轩然大波。宗教势力和其他各种保守势力群起而攻之，教会公然将它列为禁书，禁止发行和传播，哥白尼也遭到了教会的迫害，在生命的最后时光中承受了莫大的屈辱。

虽然哥白尼的"日心说"并没有摧毁中世纪的伪科学传统，其本人也遭到了教会的迫害，但这一切并没有阻挡人类追求真理的脚步。意大利著名的思想家、科学家和文学家布鲁诺（1548—1600）继承并发展了哥白尼的"日心说"，他公开宣称：宇宙在空间与时间上都是无限的，太阳只是太阳系的中心而非宇宙的中心。结果，布鲁诺于1592年被教会逮捕，最终被宗教裁判所判为"异端"，烧死在罗马的鲜花广场。

在布鲁诺之后，另外一位伟大的科学家在意大利出现了。他就是伟大的天文学家、物理学家、哲学家伽利略（1564—1642）。这位多产的科学家不但发明了天文望远镜、水银温度计等现代科学仪器，还发现了自由落体、抛物体和振摆三大定律等科学规律。

与伽利略处于同一时代的德国科学家开普勒（1571—1630）则在1609年出版的《新天文学》和1619年出版的《世界的谐和》中，提出了行星运动的三大定律，判定行星绕太阳运转是沿着椭圆形轨道进行的，并且这样的运动是不等速的。

文艺复兴时期的这些科学巨人不但为现代科学的发展指明了方向，更向人类展示了一个全新的世界。

（二）

1642年1月8日，饱经忧患以致双目失明的天才科学家伽利略在佛罗伦萨郊外的阿切特里村怀抱着他的科学巨著《关于力学和位置运动的两种新科学的对话和数学证明》，悄无声息地离开了人世。

伽利略的去世会是这场科学与愚昧之战的终结吗？不。历史的车轮是不会因为一位巨人的离去而停止转动的。在伽利略去世一年之后，一位"站在巨人肩上的巨人"悄然降生在英国林肯郡的伍尔兹索普乡村。这位"站在巨人肩上的巨人"就是艾萨克·牛顿。

伍尔兹索普在维萨姆河畔的一个美丽的山谷之中，静谧而安详。和当时的大部分村庄一样，这里贫穷、落后，人们都过着极为困苦的生活。但村民们并不落寞，村庄附近的清澈泉水让每一个村民都感到自豪，山上成片的果树和草地上成群的牛羊也足以让村民们得以果腹。随着科学技术的进步，人们还学会了利用风力和水力来推动磨坊里的磨盘，碾磨粮食；学会了制造铜壶、铁链、铁钉等金属工具，甚至还能制造玻璃。这些都是新兴资本主义经济的象征。总之，人们的生活一天天好了起来。

随着城乡手工业和商业的不断发展，以及疯狂的殖民掠夺行动，新兴资产阶级和新贵族逐步登上了英国的政治舞台。倒行逆施的英国国王查理一世（1625—1649年在位）独断专行，大肆搜刮民脂民膏。由于议会不同意国王随意收税，他竟多次解散议会，结果形成了英国政坛上多年无议会的不正常局面。

在这种情况下，人民终于忍无可忍，揭竿而起，掀起了轰轰烈烈的资产阶级革命。以克伦威尔（1599—1658）为首的资产阶级领袖联合新贵族向摇摇欲坠的斯图亚特王朝发起了猛烈的攻势。

1642年，查理一世组织王军，与议会军展开了厮杀，英国顿时陷入一片腥风血雨之中。

随着内战的爆发，人民刚刚好转的生活又陷入困顿之中，伍尔兹索普的牛顿家族也过着十分窘迫的日子。罗伯特·牛顿是原本是一个有钱的农场主，拥有大片肥沃的土地。罗伯特善于经营，全家人的生活很富足，但他的儿子艾萨克·牛顿却没有什么能力。罗伯特死后，任性、放肆而又软弱的艾萨克只能依靠父亲留下的几亩薄田勉强度日。

为了发泄自己的不满，艾萨克还经常殴打新婚妻子汉娜·阿塞科夫。汉娜出身名门，举止高雅，但同时也是一个勤劳、简朴的妇人。

在汉娜的操持下，艾萨克夫妻俩的日子倒也勉强过得去。正所谓"福无双至，祸不单行"，困顿的日子还没有结束，艾萨克就被一场急性肺炎夺去了年轻的生命。

汉娜非常伤心，她还这么年轻就成了一个寡妇。好在她的肚子里已经悄悄孕育了一个新生命，那是促使她生活下去的全部勇气与希望。

1643年1月4日，在艾萨克去世3个月之后，他的遗腹子诞生了。只是，这是一个不足月的早产儿。这个孩子太羸弱了！不仔细听的话，几乎听不见他那微弱的哭声。

几个来接生的妇人脸上写满了忧愁，其中的一个妇人说：

"这个可怜的孩子只有3磅（约合1.36千克）重，这条小命看来是难保了。"

另一个妇人接过话茬说：

"是啊！这么一个小不点儿，我简直可以把他塞进一个一夸脱（约合1.14升）的杯子里去。"

刚刚经历完生产的汉娜看了一眼瘦弱的儿子，不禁痛苦地闭上了眼睛。大家说得很对，这个孩子恐怕很难活下去。但无论如何，孩子既然来到了这个世界上，就得给他取一个名字。为了纪念刚刚去世的丈夫，汉娜便用丈夫的名字给儿子命名，叫艾萨克·牛顿。

当时谁也没有想到，这个瘦弱的新生儿不但活到了84岁，日后还成为在科学界叱咤风云的大科学家。

（三）

在众人的忧虑之中，瘦弱的小牛顿坚强地活了下来。1643年1月10日，出生刚刚一周的小牛顿被母亲抱到柯斯特沃斯教区的教堂接受洗礼。

柯斯特沃斯教区是距离伍尔兹索普最近的教区，往返两地仅仅需要十几分钟的时间。尽管路程很短，但身体虚弱的小牛顿依然无法承受英国冬季的严寒。汉娜在儿子那可怜的脖子上围了一块围巾，以支撑那个小得可怜的头颅。然后，她又用厚厚的毛毯盖在儿子的身上。经过好一番折腾，母子俩才平安地抵达教堂。

洗礼结束后，牛顿成了一名天主教徒。虔诚的汉娜不止一次跪在上帝的圣像前，一遍一遍地祷告着，希望上帝能够庇佑牛顿平安地度过动荡的战争年代，健康地长大。汉娜单纯的愿望实现了，牛顿虽然身体瘦弱，但总算一天天长大了。

转眼之间，牛顿已经3岁了，但汉娜却高兴不起来，因为家中的日子一天比一天艰难。除了每年30英镑的房租收入之外，汉娜起早贪黑地在农场上劳作，每年也只有约80英镑的收入。这一点可怜的收入就是汉娜母子俩的全部生活支柱。

邻居们见牛顿一家生活困苦，都纷纷劝说汉娜：

"你们孤儿寡母的，这样生活下去实在太艰苦了。你还这么年轻，倒不如早日改嫁为好！"

汉娜摇了摇头，说："改嫁之后，我的儿子怎么办呢？在这个兵荒马乱的年代，谁会愿意抚养一个跟自己没有任何血缘关系的孩子呢？"

尽管汉娜不情愿，但现实却一再逼迫她走向改嫁的道路。一位热心的邻居把她介绍给一个63岁的老单身汉——北维萨姆教区的牧师巴纳巴斯·史密斯。热心的邻居对史密斯说：

"汉娜是一个很不错的妻子，你想想看，她才只有25岁，多么美妙的年龄啊！"

可史密斯不大情愿，说：

"可是，她有一个3岁的儿子啊！"

邻居忙说：

"她可以把儿子交由孩子的外祖父和外祖母抚养。"

史密斯这才有点动心，但还是有个条件：汉娜决不能带着儿子一起嫁过去。

在邻居的一再劝说下，汉娜终于答应了这个条件，并将牛顿送到自己的父母那里，由年迈的父母抚养。不久之后，汉娜和史密斯举行了简单的婚礼，搬到北维萨姆村的史密斯家中。

对年幼的牛顿来说，母亲的改嫁是一个沉重的打击。尽管外祖父和外祖母都十分慈祥，对他照顾得无微不至，但失去母亲的孩子怎么会幸福呢？小牛顿整天哭哭啼啼，喊着要见妈妈。

汉娜很伤心，但也无可奈何，她经常对丈夫史密斯说：

"我那可怜的孩子才3岁，放在年迈的父母那里会挨饿的！"

史密斯也算是个善良人，他安慰妻子说：

"放心吧，他不会挨饿的。我会给他一块土地，让他生活下去。"

就这样，年幼的牛顿不但拥有了伍尔兹索普的庄园，还从继父那里得到了一小块土地。如此一来，牛顿的生活总算有了一点儿保障，起码不至于挨饿受冻了。

母亲改嫁在牛顿心灵上造成的创伤是无法弥补的，他总以为自己是个没人要的野孩子，总是一个人默默地跟在外祖母的身后，不愿跟小伙伴们一起玩耍。村子里的孩子见到他，也总是叫嚷着：

"嘿，艾萨克，你是一个没有父母的孩子！"

就这样，孤僻、倔强的种子在牛顿的心里慢慢生长，也造成了他胆小、腼腆、乖张的性格。起初，汉娜的心中还隐隐感觉对不起自己的儿子，但随着与新丈夫一起先后生了两个女儿和一个儿子后，她也就完全将牛顿忘在脑后了。

（四）

1648年，5岁的牛顿在外祖父母的安排下进入伍尔兹索普附近的一所小学读书。学校很小，只有一间教室、一个老师和几十个学生。学校每周只上两天课，教授的内容也很简单，只有识字和简单的算术。

和许多大名鼎鼎的人物一样，牛顿在小学里的表现并不出色。尽管每到上学的日子他都会按时走出家门，到学校去上课，但他的成绩却很差，与小伙伴们相处得也不融洽。从他当时的表现来看，谁也不会想到他能在多年后会成为名震世界的大科学家。

和同龄人相比，牛顿的个子显得很矮小。他常常躲着小伙伴，一个人在教室的角落里幻想着一些奇怪的事情。有时候，他希望继父和母亲都死掉；有时候，他又希望自己能早点死去。年幼的牛顿知道，这些想法都是罪恶的、令人厌恶的，但他就是没有办法控制自己。

有一次，继父史密斯和母亲汉娜到伍尔兹索普去看望他。牛顿看到他们向自己走来，竟远远地走开了。汉娜想上前去拉住他，他竟挥舞着双手不让母亲靠近，还威胁继父和母亲说：

"你们不要靠近我，否则我就烧掉你们的房子。看吧，我知道你们的房子在哪里。"

史密斯和汉娜无可奈何，只好悻悻地离开了。

尽管牛顿在人前总是一副郁郁寡欢的样子，但一旦投入到大自然的怀抱里，他就像一只欢快的小鸟，尽情在天空中飞翔。维萨姆河畔景色秀丽，一年的大部分时间里都绿草如茵，鸟语花香。远处的山坡上每天都有一些美丽的鸟儿飞来飞去；广袤的农场上时常会有一些田鼠或狐狸之类的小动物一闪而过；维萨姆河中的鱼儿也一刻不停地游来游去……这一切都在牛顿的心里刻下了深深的印记。

他时而一个人静静地躺在草地上，遐想着未来；时而又跟在一只田鼠后面紧追不舍；时而又像一个诗人一样，用最简单最真挚的语言赞美大自然……

随着年龄的增长，牛顿也开始学着帮助舅舅乔治干一些力所能及的农活了。舅舅腌制过冬的咸肉时，他就帮着往肉上撒盐；舅舅耕地时，他就帮着赶马；他甚至还学会了剪羊毛。小小的牛顿干起活来有板有眼，很讨乔治舅舅的喜欢。

就这样，牛顿在平静的乡村里一天天长大。然而，平静的生活在1649年初被打破了。有消息说，议会军在内战中取得了胜利，那个宣称"君权神授"的国王查理一世在1月30日被克伦威尔送上了断头台。不久，维萨姆河畔就出现了许多失魂落魄的骑士。他们都留着漂亮的卷发，宣誓效忠国王。以往，他们总是摆出一副高高在上的样子，如今也不得不东躲西藏，因为克伦威尔的士兵们正在四处搜捕他们，一旦被抓到，便只有"格杀勿论"一条出路了。

伍尔兹索普的人们都议论纷纷，说克伦威尔成了新的查理一世，将人们的生杀大权握在自己的手中。一时间，人人自危，唯恐有一天灾难会降临在自己的头上。

又过了一个月，新的消息又传来说，议会已经通过决议，废除上议院和王权。不久，新政府又宣布，在英国实行共和制，建立英吉利共和国。然而，共和国的军政大权实际都掌握在克伦威尔一个人的手中，政府宣称的"共和"也仅仅是表面的共和而已。

无论学习，还是工作，牛顿都十分勤奋，几乎达到废寝忘食的地步。他的助手曾记载道："他从不休假或休息片刻，从不骑马外出，从不散步，从不玩九柱戏，也从不运动。只要有一个小时不看书学习，他就觉得自己浪费了光阴……"

第二章　心灵手巧的小发明家

把简单的事情考虑得很复杂，可以发现新领域；把复杂的
现象看得很简单，可以发现新定律。

——牛顿

（一）

英吉利共和国建立之后，新兴资产阶级所推崇的清教徒精神开始
在不列颠大行其道。清教徒是英国国教中主张清除天主教残余的改革
派。早在1534年，英王亨利八世（1509—1547年在位）为了与罗马教
廷争夺英国教会的最高统治权，便操纵议会通过《至尊法案》，宣布
实行自上而下的宗教改革。《至尊法案》规定，英国教会正式脱离罗
马教廷，英国国王或王后是教会的最高首脑。从此之后，罗马教廷便
不再享有从英国征税和最高司法权等种种特权了。

英国国教虽然脱离了罗马教廷，但在此后的百余年间基本沿用了天
主教教义、礼仪和主教制。直到16世纪60年代清教徒兴起，英国国教
中天主教残余才被逐渐清除出去。

清教徒信奉加尔文主义，认为《圣经》才是唯一最高权威，任何教
会或个人都不能成为传统权威的解释者和维护者。也就是说，清教徒

已经开始将注意力从宗教转向了世俗生活，更加关心"人的力量"，而不是"神的旨意"。

他们对一切都充满了信心，善于开拓创新，主张限制一切纵欲、享乐，甚至消费行为，而将消费性投入和支出全部用在生产性投资和扩大再生产上。这种勤俭、克制的清教徒精神必然导致资本的积累和产业的发展，在资本主义的原始积累阶段起到了至关重要的作用。

牛顿虽然是天主教徒，却是在清教徒精神的影响之下成长起来的。因此，清教徒思想对牛顿的影响远比天主教思想对其的影响要大。

牛顿虽然性格孤僻，但却很善于钻研。1652年，9岁的牛顿自己动手制作了一个测量时间的仪器——日晷。

日晷是世界上最早的测量时间的仪器之一。早在6000年前，古巴比伦人就发明了日晷。后来，中国人也独自发明了日晷，用于测量时间。日晷通常由指针和石制的圆盘组成，指针叫做"晷针"，垂直地穿过圆盘中心，起着圭表中立竿的作用。因此，晷针又称为"表"，石制的圆盘叫做"晷面"。圆盘安放在石台上，呈南高北低，使其平行于天赤道面。这样，晷针的上端正好指向北天极，下端正好指向南天极。

晷面的正反两面被刻出若干大格，每个大格代表一定的时间。当太阳光照在日晷上时，晷针的影子就会投向晷面，太阳由东向西移动，投向晷面的晷针影子也慢慢地由西向东移动。于是，移动着的晷针影子好像是现代钟表的指针，晷面则是钟表的表面，以此来显示时刻。

这种利用太阳光的投影来计时的方法是人类在天文计时领域的重大发明，被人类使用了数千年之久。其实，早在1270年，意大利和德国就已经制造出早期的机械钟，但由于价格昂贵，这种机械钟直到牛顿生活的时代也没有进入平民百姓的家中。一般情况下，只有王宫贵族和教会才有财力使用这种昂贵的奢饰品，大部分人依然靠看天晓时。

牛顿制造的日晷跟当时英国常见的日晷并没有什么不同之处。他找来一块石质圆盘，在其边缘上画了12个刻度，每个刻度代表1个小时，然后他又用一根小木棍插在圆盘的中心。当阳光直射小木棍之时，小木棍的影子就会停留在某一刻度上。这样，牛顿就可以根据阳光的投影来判断时间了。

一个9岁的小男孩居然"发明"了测量时间的仪器，这件事情迅速在伍尔兹索普传开了，并引来了无数人的围观。几个农民聚在村口的橡树下，议论道：

"嘿，听说牛顿家的艾萨克发明了测量时间的仪器。"

一个带着破草帽的农民回答说：

"可不是嘛！以后我们伍尔兹索普也有自己的'钟表'了！"

另一个抱着孩子的妇人插嘴道：

"艾萨克才9岁呢！这么小就发明了测量时间的仪器，将来肯定能成为一名能工巧匠！"

从此，牛顿迷上了用影子计时的方法。多年之后，当他成为一个伟大的科学家之时，他仍然靠观察影子来判断时间，而不是使用钟表。

（二）

在众人的交口称赞中，牛顿获得了莫大的满足。长这么大，他第一次感到自己并不是一个没用的人，而是一个"聪明的孩子"，这一切不正是知识改变的吗？牛顿学习和钻研的劲头更足了，很快，他就学完了两日制小学的所有课程。

在业余时间里，小牛顿将更多的时间用在发明创造上。有一次，他别出心裁地制造了一辆由曲柄带动的四轮小车。伍尔兹索普的孩子们立即被牛顿的这项新发明迷住了。他们纷纷来到牛顿的家中，和他一起玩耍，一会儿推着小车到农场上去运输蔬菜，一会儿又推着小车到山坡上去摘水果。

四轮小车再次让牛顿得到了莫大的荣誉，但他并不满足于此。他从舅舅的书房里找到了几本用拉丁语写的关于机械制造方面的书籍，如饥似渴地读了起来。

拉丁语是当时欧洲科学家和学者通信、写作通用的语言，对牛顿来说并不难，因为他在两日制小学里学到的知识已经足够应付拉丁语阅读了，这对牛顿日后在科学之路上的发展起着至关重要的作用。

不久，牛顿又动手制作了一只风筝，还别出心裁地在风筝的尾部挂了一盏灯笼。晚上的时候，牛顿和几个小伙伴一起把风筝放飞。那一闪一闪地灯笼就像是一颗高悬在空中的明星，让小伙伴们欢愉雀跃。

又有一天，牛顿突发奇想，想制造一架由老鼠推动的风车。他在农场里找了一些废旧的木料，仿照维萨姆河畔磨坊边上的风车，成功地造了一架小小的风车模型。

但与磨坊边上的风车不同的是，牛顿在风车木轮外边安装了一个小小的笼子。这个笼子有什么用处呢？

牛顿有自己的想法。风车制造出来之后，他就拿着铁锹和小水桶来到农场上四处寻找田鼠洞。可恶的田鼠在农场上四处打洞，偷吃粮食，是农民的敌人，牛顿决定好好惩罚一下这些"敌人"。

不一会儿，牛顿就找到了一个很深的田鼠洞。他先用铁锹在洞的周围挖了一个大坑，又用水桶往坑里灌水。洞里的田鼠经受不住水淹，一个个地窜了出来。牛顿眼疾手快，拿起空水桶就把田鼠罩了起来。

牛顿站起来，擦了擦汗，喃喃自语道：

"嘿，看你们往哪里跑！还是乖乖地给我推风车吧！"

说着，牛顿又蹲下来，两手抓住桶沿，用力摇了起来。过了一会儿，他掀起水桶，只见那些田鼠已经被摇晕了，正乖乖地趴在地上呢！牛顿小心翼翼地抓住田鼠，一把塞进了他事先准备的小笼子里。

不久，田鼠恢复了体力，开始狂奔起来，田鼠的脚踩动了风车的木轮子，风车也跟着转了起来。

看着眼前的一切，牛顿得意地笑了。多么伟大的发明啊！现在，不用水力，风车也可以转动了。

第二天，牛顿带着自制的小风车来到学校，小伙伴们立即就被这精巧的小玩意儿吸引住了。他们围着牛顿议论纷纷，不停地称赞道：

"嘿！艾萨克，这风车可真棒！你是怎么想出来的？"

一个女孩子说：

"看，还有只小老鼠呢！太好玩儿了！艾萨克，给我也做一个吧！"

牛顿拍着胸脯说：

"好，没问题！"

学校附近的农民也被吸引过来。他们看着牛顿的小发明，打趣道：

"嘿，艾萨克，我可以用你的风车来磨玉米吗？"

牛顿不好意思地挠了挠头，回答道：

"可是，它太小了，带不动磨盘呀！"

农民们被牛顿天真的样子逗乐了，哈哈大笑道：

"没关系，你这个能工巧匠以后肯定能制造出可以磨玉米的风车！"

（三）

在不断的发明和创造中，牛顿一天天长大了。但好景不长，他的继父史密斯牧师于1654年去世了，母亲又一次失去了依靠，只能带着3个幼小的孩子回到伍尔兹索普，重新过起艰难的生活。

母亲回来后，牛顿重新与母亲生活在一起，但他们之间的感情已经淡了很多。看着眼前的母亲，牛顿突然觉得她很陌生，仿佛是一个跟自己没有任何关系的陌生人一样。

1655年，12岁的牛顿小学毕业了。这个年龄的孩子说大不大，说小也不小了，当时像这么大的男孩已经开始独立在农场上劳动了。但牛顿天生体弱，个头比同龄人矮了一大截，根本没办法承担繁重的农业劳动。

汉娜思前想后，决定再让牛顿读几年书，等他长得强壮一些，再让他回农场从事农业劳动。在母亲的安排下，牛顿来到镇上的格兰瑟姆公立中学攻读中学课程。汉娜在镇上有一个做药剂师的朋友克拉克先生，牛顿就寄宿在他的家里。

初到一个陌生的环境，牛顿显得更孤僻了。他每天都躲在药剂师家楼上的阁楼里，在墙上画一些鸟类、人物、船舶和植物的图案，动手制作一些小巧的仪器。

有一次，他从展览会上拿回一块小小的棱镜，就整天把自己关在阁楼里认真观察，想弄明白它是如何影响光照的。他关上门窗，在窗纸上戳了一个小小的孔，让阳光从孔里照进阁楼。然后，他拿着棱镜对着光柱，让阳光从棱镜中穿过。突然，对面的墙上出现了一道彩虹。

牛顿惊讶极了，在伍尔兹索普的时候，每年夏季他都能在雨停后的午后看到挂在天边的彩虹。当时，他还以为那是上帝创造的彩桥呢！没有想到，人类也可以制造出美丽的彩虹。

牛顿如痴如醉地观察着美丽的彩虹，完全忘记了时间。过了一会儿，他突然放下手中的棱镜，推门而出，一边跑一边喊：

"斯托瑞，斯托瑞，快来呀！"

斯托瑞是克拉克先生的女儿，和牛顿同龄，是一个漂亮的女孩。牛顿来到格兰瑟姆镇不久就跟她成了十分要好的朋友。在斯托瑞的面前，牛顿显得很成熟、很博学，似乎什么都知道。斯托瑞很崇拜他，也很乐意跟这个性格孤僻的男孩一起玩耍。

斯托瑞听到牛顿的呼唤，大声回应道：

"艾萨克，我在这里，出了什么事情？"

牛顿高声喊道：

"你到阁楼上来一下，我有好东西给你看。"

斯托瑞"噔噔"地跑上阁楼，跟着牛顿进了房间。牛顿一把关上门，拿起棱镜，再次对准光柱，墙上的彩虹又出现了！

牛顿指了指那道美丽的彩虹，对斯托瑞喊道：

"快看，彩虹！"

斯托瑞跳了起来，高兴地说：

"真的，真的是彩虹！"

过了一会儿，斯托瑞问道：

"你是怎么制造出彩虹的呢？"

这个问题把牛顿问倒了，因为他所学的知识还不足以解释彩虹是怎样形成的。而且，当时的科学家们也没有人能正确地解释彩虹形成的原因。

远溯至亚里士多德时代，科学家就试图对彩虹作出合理的解释，但当时的观点是错误的。亚里士多德认为，光的本色是白色，像彩虹那样的有色现象是光的变态。红、黄色是变化最小的颜色，绿、蓝和紫色是变化最大的颜色。

在随后的几千年里，欧洲科学家们已经能用实验模仿天上的彩虹了，但光学理论始终没有什么发展。14世纪初，一位叫德奥多里克的德国传教士就曾利用阳光照射装满水的大玻璃球，观察到了和空中类似的彩虹。但他的解释没有摆脱亚里士多德的教义，继续认为各种颜色的产生是由于白光受到不同阻滞而引起的。

斯托瑞的问题引起了牛顿的强烈兴趣。彩虹到底是怎样形成的呢？阳光通过棱镜后为什么会呈现出五颜六色的颜色呢？带着这个问题，牛顿开始翻阅各种资料，希望能从以往的资料中找出正确的答案。

（四）

牛顿就读的格兰瑟姆中学执行严格的清教徒纪律，校长亨利·斯托克斯教授80多个男孩学习拉丁语、神学、希腊语和希伯来语。在当时的英国，这些已经是中学教授的全部课程了。

不过，出于实用的目的，斯托克斯还教授学生们一些算术，以便他们将来当农民时可以用数学运算来丈量土地。他教学生们测量面积和形状的大小，教学生们用类似于阿基米德估算圆周率的方法画圆的内切多边形，教学生们计算多边形的边长……

牛顿对数学很感兴趣，除了学习斯托克斯教授的内容之外，他已经开始研究阿基米德图表了。在克拉克先生家的那个小小阁楼里，墙上就涂满了各种图表，这些全部是牛顿的杰作。

除了在学校里如饥似渴地学习各种知识之外，牛顿一有机会就到克拉克的书房里找书读。作为药剂师，克拉克先生有一个小小的书房，里面收藏了一些关于自然科学的书籍。牛顿当时最常读的是一本名为《自然和艺术之谜》的书，这是几年前在伦敦出版的约翰·贝特的书。

牛顿的继父史密斯也有一些关于基督教的书，甚至还有一个保存了

40年的笔记本。史密斯只在笔记本最初的几页标了页码，写下了几个有关神学的标题。除此之外，整个笔记本几乎全都是空白。史密斯去世之后，整个笔记本就归牛顿所有了。牛顿自己也有一个用牛皮纸装订成的小笔记本，他特意在封面上写上自己的名字，以表明这个笔记本归他所有。

牛顿小心翼翼地在笔记本上写满了字和数学公式，笔记上的主要内容都来自《自然和艺术之谜》。这本书的内容零碎，但覆盖的知识面十分广泛，既有机械制造方面的知识，如喷水系统和烟火制造；也有艺术方面的内容，如素描和雕刻等。

在笔记本上，牛顿记录道：

"把要画的物体立在你面前，这样就不会遮挡光线。如果想要表现太阳，就画它在山后升起或降落时的情景；但是，如果画月亮，就要画它高挂在天空中的情景。"

牛顿还记录了一些调颜料、墨水、药膏和其他物质的方法：

"大海的颜色：9月13日左右，太阳进入天平宫时，采集女贞莓，在阳光下晒干、磨碎、浸泡……"

牛顿还从克拉克先生那里学会了用臼和杵研磨粉末、煅烧、水煮等许多实验方法。他和克拉克先生一起将实验所得的物质做成小球，放在太阳下晾晒。从此之后，牛顿就迷上了实验，他在笔记本上多次写道：

"各种实验之所以有用而且令人愉快，是因为它们混乱地搅在了一起，我们叫它们奢饰品。"

在抄书的同时，牛顿还尝试用自己所学的知识绘制和日晷有关的天文图表，并对之后24年的日历做了精细的计算。这些在同龄人看来十分枯燥的活动，牛顿却乐此不疲，就连他最好的朋友斯托瑞都觉得他疯了。

聪明的牛顿有时也会干傻事。有一次，牛顿一边思考问题，一边煮鸡蛋。女仆走进房间时，发现牛顿依然在埋头思考，旁边小锅子里的水在沸腾着，鸡蛋却一个不少地躺在桌子上。她惊诧地问："先生，您煮的什么？"牛顿回答说："鸡蛋。"而女仆揭开锅，却突然惊叫道："天呐，怀表！"原来牛顿因思考问题太专注，顺手将桌子上的怀表当成鸡蛋扔到水中煮了。

第三章　剑桥大学的穷学生

真理的大海让未发现的一切事物躺卧在我的眼前，任我去探寻。

——牛顿

（一）

1658年，英国政坛发生了一场震动全世界的大事：英吉利共和国的"护国主"克伦威尔在一个风雨交加的夜里病逝了。而在这一天夜里，15岁的牛顿却一次又一次地在暴风中跳跃。他正在测量顺风时的成绩比逆风时的成绩好多少，以便弄清风速对人类行动的影响。

克伦威尔去世之后，英国重新进入混乱时期，保王党与新兴的资产阶级之间的战争再次爆发，英国人民的生活也再次陷入水深火热之中。

1659年，英国遭受了一场罕见的暴风雨袭击，农业生产大面积受灾，损失惨重，许多农民都在为下一餐吃什么而发愁。牛顿一家人的日子也不大好过，母亲汉娜一天到晚在农场上劳动，也填不饱几个孩子的肚皮。

随着生活越来越拮据，汉娜不得不把牛顿从中学召回家管理农场。汉娜相信，已经16岁的牛顿肯定能像他的祖父罗伯特那样，成为一名出色的农民。然而，此时的牛顿已不是当初那个对学习不感兴趣的小男孩了，他的心中塞满了强烈的求知欲，正在科学的道路上越走越远。让一个热爱学习的少年离开自己心爱的学校，这是多么残忍的事情啊！

但牛顿已不是小孩子了，他深知自己作为一个男子汉应当承担的责任。因此，他非常听话地回到乡下，每天帮母亲干一些力所能及的农活。不过一有空闲时间，牛顿就会钻到角落里，拿起书本，如痴如醉地学习起来。

有一天，母亲派牛顿到镇上去卖粮食，再买一些生活必需品。一大早，汉娜就把牛顿从床上叫起来，让他到马厩里牵马。牛顿顺从地把马牵到门口，在母亲的帮助下，他把一袋粮食放在马背上，然后又匆匆地跑到自己的房间，顺手捞起一本书，冲了出去。

牛顿一手牵着马，一手翻开书，有滋有味地看了起来。不一会儿，他就来到镇上。牛顿找到一块安静的地方坐了下来，继续看书，他既不吆喝，也不标明自己是在卖粮食。有人来问价钱的时候，他也没有听见，依然在认真地看书。

不知不觉太阳快要下山了，牛顿这才发现，那袋粮食依然完好无损地放在马背上，牛顿这才着急地吆喝起来：

"卖粮食咯！卖粮食咯！"

但哪里还有人回应呢？集市上早已空空荡荡，赶集的人们全都回家去了。

牛顿只好悻悻地牵着马往回走。在夕阳下，牛顿牵着马走在乡间小路上，但依然不忘就着逐渐暗淡下去的阳光看书。

看着看着，牛顿就入了迷，连老马挣脱缰绳也全然不觉。因为要看书，牛顿越走越慢，而那匹老马显然走得有些不耐烦了，兴高采烈地沿着来时的路跑回了家。汉娜发现马已经在马厩里吃草料了，仍不见牛顿回来，心中担忧极了。

过了好半天，牛顿才一手捧着书，一手握着缰绳，低着头回到家门口。汉娜气坏了，厉声问道：

"艾萨克，你的马呢？"

牛顿头也不抬，举了举握着缰绳的手，回答说：

"在这里呢！"

汉娜咆哮道：

"在哪里？"

牛顿这才抬起头，望了望身后，他突然惊叫道：

"啊，马呢？我的马呢？刚才还乖乖地跟在我后面往家里走呢！"

汉娜用手指了指马厩的方向，牛顿会意地跑过去，才发现那匹老马正在那里美滋滋地嚼着草料呢！牛顿不好意思地挠了挠头，走进房里。汉娜跟在他的身后，不住地摇头叹息。

（二）

牛顿在伍尔兹索普没待多久，母亲就发现这个孩子根本不适合当农民，他在农业生产方面的技能简直比他的父亲老艾萨克还要糟糕。要他去照料羊群，他居然丢开羊群，自己跑到维萨姆河边去建造水车模型；要他去镇上做买卖，他总是在中途开小差，寻机读书……

为了让牛顿成为一个出色的农民，汉娜操碎了心，但始终没有收到什么效果。而牛顿的脾气却变得越来越暴躁了，动不动就对仆人发火。心理学家分析，这主要是因为牛顿离开学校后产生的智能极度挫败感造成的。

牛顿的舅舅威廉·艾斯库牧师似乎感觉到这个小外甥的不寻常之处。威廉舅舅是剑桥大学三一学院的毕业生，具有良好的知识素养。

他找到妹妹汉娜，对她说：

"艾萨克是一棵好苗，不能再让他在这田间野地里耽误下去了。也许，他会找到一份比当农民或工匠更好的职业。但前提是，我们必须先送他到学校去读书。"

汉娜叹了口气，说：

"我也在考虑这件事，可是家里的经济越来越难维持了，我拿什么送他去上学呢？"

威廉继续劝说道：

"可是，无论如何，我们也不能耽误孩子的前程啊！"

汉娜回答说：

"我知道，艾萨克宁愿看书、做手工或完全沉湎于幻想之中，也不愿意从事农业劳动，这样的孩子无论如何也不会像他的祖父罗伯特那样，成为一个出色的农民的。"

威廉顺水推舟地说：

"既然如此，我们何不把他送到学校读书呢？他与乡下其他的孩子不同，他具有学者的气质，将来还应该到剑桥大学学习！"

在威廉苦口婆心地劝说下，汉娜终于下定决心，打算再次把牛顿送到格兰瑟姆中学去学习，以便将来他能考入剑桥大学。

正在这时，门被叩响了。汉娜打开门，一位颇有学者风度的中年人走了进来。这个人正是格兰瑟姆中学中学的校长斯托克斯。

威廉舅舅与斯托克斯是十分要好的朋友，两人一见面就热火朝天地聊了起来。

寒暄过后，威廉舅舅问道：

"您有什么事吗，斯托克斯先生？"

斯托克斯回答说：

“我是为了艾萨克而来。”

汉娜在一旁惊叫道：

“艾萨克？这个孩子又闯了什么祸吗？”

斯托克斯一边摆手，一边回答说：

“不，不！艾萨克没有闯祸，我来的目的是想让你们再把他送到学校读书，繁杂的农业劳动会埋没这样一位天才的。对未来的世界来说，这将是多么巨大的损失啊！”

汉娜被深深地打动了，看来自己的儿子确实有些与众不同之处，要不然从剑桥大学毕业的哥哥和格兰瑟姆中学校长怎么会这样苦口婆心地开导自己呢？她微微点了点头，回答说：

“那就让艾萨克回格兰瑟姆中学学习吧！”

听了这句话，威廉舅舅和斯托克斯如释重负，相视而笑。

就这样，辍学9个月的牛顿又重新回到学校，回到自己的课桌旁。威廉舅舅和斯托克斯两位先生的远见卓识实在令人敬佩，如果没有他们，伍尔兹索普的田头只会多一位不合格的农民，但整个世界就少了一位智者，人类的科学事业也会因为少了牛顿这样一位伟大的科学家而黯淡不少。

牛顿的好友斯托瑞也为牛顿的归来感到高兴。此后，两个年轻人整天在一起玩耍，一起学习，一起做实验。渐渐地，牛顿发现自己爱上了漂亮而聪明的斯托瑞。实际上，斯托瑞也很喜欢聪明的牛顿。后来，他们俩似乎还在克拉克先生的安排下订了婚。

（三）

牛顿重返格兰瑟姆中学的这一年，英国政坛再次发生政变，斯图亚特封建王朝的查理二世复辟了。复辟的斯图亚特王朝推行反动政策，开始疯狂地报复资产阶级和新贵族。他们甚至挖开了克伦威尔的坟墓，将他的头砍下来，挂在威斯敏斯特教堂的钟楼上。

动乱的政局并没有影响牛顿的学业。1661年6月，18岁的牛顿以优异成绩从格兰瑟姆中学毕业了。在斯托克斯校长的大力推荐下，他以"减费生"的身份考入剑桥大学三一学院。

从此，牛顿结束了他的乡村生活，结束了他的少年时代，也结束了他一生中唯一的一次恋爱。

剑桥大学的种种限制与经济上的困顿让牛顿放弃了对斯托瑞小姐的爱情。后来，斯托瑞嫁给了一位姓文森特的青年，成了文森特太太。此后，牛顿终身未娶。在他的心中，斯托瑞的身影始终挥抹不去。每次回到故乡，他都不忘去看一看这位昔日的朋友和恋人，直到斯托瑞离开人世。

进入剑桥大学是牛顿一生的转折点。在剑桥，他踏上了毕生为之探索和奋斗的道路，开始了一生当中最辉煌、最具有价值的科学活动历程。

在6月的骄阳下，牛顿依依不舍地离开了伍尔兹索普，离开了格兰瑟姆中学以及含着泪为他送行的斯托克斯校长。经过两天的旅途劳顿，牛顿终于踏进了剑桥大学三一学院的大门。

剑桥大学由一批为躲避殴斗而从牛津大学逃离出来的老师创立于1209年，与牛津大学一样，是英国最负盛名的大学。但是，由于英国王室的偏见与固执，剑桥大学在17世纪时依然保留着浓厚的中世纪色彩。学校的根本目标是培养优秀的牧师，而不是科学工作者。当哥白尼等人开创的科学革命在欧洲大陆上广泛传播之时，剑桥大学依然保留着中世纪经院式的教育制度。当时被称为自然哲学的物理与天文学的教学核心，依然遵循着亚里士多德等古代哲学家的思想。

内战期间，剑桥大学的学术氛围稍有改变。当时，保王党与新兴的资产阶级为了争夺对人民的精神控制权，在剑桥大学也吵得不可开交。保王党把一批受哥白尼、笛卡尔思想影响的教员赶出校园。

克伦威尔取得胜利后，也在剑桥大学进行了一场改革。他把一批信奉天主教的教员赶出了大门，这使得剑桥大学的宗教神学势力有所削弱，科学活动中的僵化思想亦有所松动，一批崇尚科学的名师逐渐向剑桥靠拢汇集。

但在牛顿进入剑桥大学之时，查理二世已经复辟一年多了。为了泄愤，查理二世将拥护英吉利共和国的新派教员们全部赶出剑桥。中世纪的没落思想又一次找到了保护神，堂而皇之地回来了，这对刚刚踏入大学校门的牛顿来说是一个比较沉重的打击。

（四）

剑桥大学的学生分为三类，一类是穿着精致的长袍，坐在高桌子边上吃饭的贵族，他们几乎不去上课，也不用参加考试，但每一个都能顺利地毕业。第二类是自己缴纳学费和住宿费的收费生，他们大多来自相对富裕的家庭，到剑桥大学学习的目的是为了加入英国国教，以便成为受人尊敬的神职人员。第三类便是像牛顿这样的"减费生"了，他们或出身低微，或家庭败落，只能以半佣半读的方式读完大学，即一边给教授和贵族学生当佣人，赚取佣金，一边读书。

牛顿进入三一学院时十分寒酸，他的全部家当只有一个笔记本、一瓶墨水、一把用来锁书桌的锁和几根蜡烛。除此之外，他最珍贵的东西或许便是威廉舅舅给他写的推荐信了。

威廉舅舅嘱托牛顿，一定要把这封信交给三一学院的教授、牛顿的导师本杰明·普莱恩先生。在信中，威廉舅舅恳请普莱恩多多照顾他的这个小外甥。

然而，这位导师并没有给予牛顿特别的关照。在教学上，他像大多数教授一样，只讲授经院式的传统讲座；在生活上，他几乎对牛顿放手不管，任其自生自灭。格兰瑟姆镇的克拉克先生倒是给了牛顿不小的帮助。克拉克写信给妻弟汉弗莱·巴宾顿先生，嘱托他帮忙照顾这位小朋友。实际上，汉弗莱·巴宾顿先生的资助是牛顿整个大学期间在经济上所获得的唯一的帮助。

当时的大学里流行着各种散漫习气，学生们沉迷于喝酒、赌博及无聊的交谈，根本没有多少人认真学习。而剑桥大学从来就不缺乏贵族子弟和有钱人家的放荡公子，他们对像牛顿这样的乡下人没有丝毫的兴趣。牛顿知道自己是个穷孩子，是一个没见识的乡下人，也不愿和他们混在一起。因此，从小就孤僻的牛顿就更显得郁郁寡欢了。

牛顿总是独自在教室里学习，独自在校园里漫步，思考着一些科学问题。但他的运气并不好，与他同住在一个宿舍里的是一名收费生，这个人家境优越，吃喝玩乐样样精通，就是不爱学习。每天傍晚，他总是带着一身酒气回到宿舍，然后又喊又叫，吵得牛顿根本没法安心学习。

怎么办呢？每到黄昏的时候，牛顿都会厌烦地离开宿舍，到校园里漫步。不久，他认识了一个名叫约翰·威金斯的小伙子。威金斯和牛顿一样，都是三一学院的"减费生"。他和牛顿遇到了同样的难题，他的室友也是一个不学无术的青年。

牛顿向威金斯诉苦道：

"那个傻瓜太吵了，我根本没有办法看书。"

威金斯回答说：

"我的室友也一样，我们必须想一个办法。"

牛顿用力点了点头，但随即又愁眉苦脸地说：

"我们能有什么办法呢？像他们那样的有钱人，我们可惹不起！"

两个小伙子边走边聊，时间不知不觉地过去了。天空中亮起了点点繁星，凉风吹动着树梢，让人感到十分惬意。牛顿飞起一脚，把地上的一颗小石子踢得老远。威金斯默默走在牛顿的前面，突然转过脸，微笑着冲牛顿说：

"嘿，艾萨克，听我说。如果咱们换一下房间，住在一起，问题不就解决了？"

这真是个好主意，两个人的脸上露出了喜悦的笑容。

第二天，两位年轻人就向学院递交了申请，要求调换房间。学院也了解他们的苦衷，没过几天即批准了他们的申请。就这样，牛顿高高兴兴地搬进了威金斯的宿舍，并与他成了好朋友。

这两个来自乡下人家的小伙子相互扶持，在学业上都取得了很大的进步。但他们也有烦恼，为了获得免费供给的午餐，他们不得不百般侍候那些来自贵族之家的公子哥儿们。而令他们欣慰的是，那些公子哥儿没有一个人的成绩可以与他们相提并论。

牛顿曾养过两只猫，为省去起身为猫儿们开门的时间，牛顿想到了一个好办法：在墙脚打了一大一小两个洞，大洞供大猫出入，小洞供小猫出入。可爱的牛顿还洋洋得意地向朋友展示自己的"成果"。可那位朋友马上指出："你根本不必开两个洞，因为小猫也可以从大洞出入。"牛顿这才恍然大悟，不住称赞那位朋友比自己聪明。

第四章 平淡的学习生涯

假如我有一点微小成就的话，没有其他秘诀，唯有勤奋而已。

——牛顿

（一）

在剑桥大学，牛顿把学习看作是一种乐趣、一种有价值的追求。他自创了一些速记符号，用于记录课堂笔记，有时候也用来记述他对上帝的忏悔。这一套速记符号除了牛顿之外，再也没有人能够解读。牛顿此举相当于给自己的笔记本上编上了密码，即使别人看见他向上帝作的忏悔，也不会知道他到底有什么过失。

非常遗憾的是，虽然牛顿学习非常努力，但他的导师普莱恩教授能够教给他的知识却少得可怜。这位正统的英国教徒除了教授牛顿希腊语之外，还教授他逻辑学。在入学之初，威廉舅舅曾送给牛顿一本桑德逊的《逻辑学》。桑德逊是一位颇有建树的数学家，在逻辑学领域的造诣也很深。威廉舅舅曾对牛顿说：

"艾萨克，你一定要认真阅读这本书。我相信，进入三一学院之后，你的导师让你阅读的第一本书肯定就是这本《逻辑学》。"

当时牛顿还不大相信威廉舅舅的话，但出于对知识的渴望，他依然认真地读完了桑德逊的《逻辑学》。果然，他进入三一学院不久，他的导师普莱恩教授就让他去读这本书。而此时，牛顿早已将此书的内容烂熟于胸了！因此，牛顿的逻辑学知识比他的导师还要丰富。这对他在三一学院头两年的哲学与逻辑学的学习大有裨益。

尽管普莱恩教授在教学上没有什么突出之处，而且还试图把牛顿引上传统的正道，即向着英国国教神职人员的方向发展，但他并不是一个思想僵化之人，他尊重牛顿的想法，并不限制牛顿自己选择的学术道路。

三一学院有一个巨大的图书馆，藏书量超过3000册。这个数字当时来看无异于一个天文数字，因为当时大部分人一生都没有看过一本书。三一学院规定，学生不能自行进入图书馆阅读，只有在校委会成员的陪同下才能进入图书馆。由于获得了导师普莱恩教授的默许，牛顿得以经常出入图书馆，放心大胆地博览群书。

这段时间，牛顿认真阅读了亚里士多德的著作，而且还找到了几个不同语言的版本，其中包括《推理法》《伦理学》等。牛顿发现，亚里士多德的学说虽然自成体系，但却死板、僵硬，根本不能合理解释自然界中的各种现象。亚里士多德认为，世界是由物质构成的，每一种物质都具有自身的特点和性质。以物质的本质为基础，性质和特点最终共同构成物质的形态。物质性质可以改变，改变的过程就是运动。运动与时间相互依存，缺一不可。

这位伟大的古希腊学者将运动分为推、拉、搬、拧、结合、分离、增大和减小等。运动的物体随处可见，包括在水里游的鱼、奔跑的小狗、加热的水和从树上掉到地上的苹果等等。重的物体和轻的物体都会运动到适当的位置，轻的物体会上升，重的物体会下落。有些运动是自然的、平缓的，有些运动则是不自然的、剧烈的。这两种运动都体现了事物之间的联系。

亚里士多德还指出，一个物体的运动是由另外一个物体推动的结果。因此，一个物体不可能同时兼有移动者和被移动者的双重身份。那么，第一个运动的物体动力源自何方呢？教会坚称，第一个运动的物体源自上帝的安排。只有这样，亚里士多德的理论体系才能得到完善的解释。

从某种意义上来看，亚里士多德发现了世界在发展变化的特点，但其观点又陷入了形而上的窠臼。因为，他提出的运动的笼统概念没有考虑物质的质量、体积、数量等质和量的因素。按照他的观点，一堆烂泥被塑成塑像的过程也叫运动。

除了这些陈旧的学识之外，牛顿还研究了亚里士多德的天文学观点，但亚里士多德的这些观点并没有让牛顿信服。深受清教徒思想和伦理影响的牛顿开始在巨大的孤独之中寻找新思想和新方法，企图开辟一条新的科学之路。他在笔记本上写下了亚里士多德的名言：

"我爱我师，但我更爱真理。"

正是在这种精神的驱动下，牛顿开始把自己对世界的认识用问题的形式记录下来。在他那个小小的笔记本上，他分门别类地记录了45个主题。日后，牛顿对这些问题的解答奠定了现代自然科学的基础。

（二）

带着问题，牛顿开始阅读法国哲学家笛卡尔和意大利天文学家伽利略的著作。这两个人都曾公开挑战亚里士多德的学说，提出了各自的理论体系。笛卡尔提出了几何理论和机械哲学。他想象宇宙中充满了无穷无尽的、肉眼看不见的物质，它们聚合在一起，形成了巨大的漩涡，推动着天体向前运动。伽利略则用几何学的思维方式研究运动，认为物体都是由相同的物质构成的，因此物体从高处下落的速率也相同。

但在现实之中，轻重不同的物体从高处下落的速度并不相同。经过反复思考，伽利略提出了均衡加速度的概念。他把运动看成是一种状态而不是过程，设想物体有保持运动或静止状态的趋势。伽利略还做了一系列的实验，如用滴漏测量球体从斜面上滚下来的时间等。

不过，伽利略当时得出的结论却是错误的：物体运动的速度和它运动的距离成正比。有意思的是，他在自由落体运动的研究中又正确地认识了距离、速度和时间之间的关系。

伽利略的书几乎都是用意大利语写的，在当时的英国，还没有几个人能够看懂。牛顿对伽利略思想的了解主要是通过笛卡尔的介绍间接得来的。

如果牛顿一直在无人指导的情况下阅读的话，他很可能也会成为一位伟大的科学家，但能取得多大的成就就值得怀疑了。好在牛顿于1663年迎来了他人生中的第二个转折点：英国国会议员亨利·卢卡斯在三一学院设立了"卢斯卡数学教授"这一职位。这在剑桥大学的历史上是一件史无前例的大事。

卢卡斯早年就读于剑桥大学圣约翰学院，当时兼任圣约翰学院的讲师。与今天的讲师不同的是，圣约翰学院的讲师是一个相当高的职务，比教授享受的待遇高得多。这是剑桥大学优秀的教学传统广泛复苏的表现之一，特别是在科学领域。

同年，英王查理二世给英国最古老的科学学会——皇家学会颁布了一道正式授权令，敕令皇家学会通过实验提高自然知识的水平。

这一切都表明，英国的学术氛围发生了变化，已经开始重视实验在自然科学中的作用了。

卢卡斯数学教授所讲授的内容包括地理学、物理学、天文学和数学。第一位主持该讲座的是艾萨克·巴罗教授。巴罗出生于伦敦，很小的时候就表现出超常的科学天赋。但这位伟大的神学家和数学家在政治上却是一个保王党分子，坚决拥护斯图亚特王朝的封建统治。

在英吉利共和国时代，巴罗曾被赶出剑桥大学，背井离乡四处游历，企图恢复王权统治。1660年，斯图亚特王朝复辟之后，这位保王党分子回到剑桥大学，先后担任过希腊文、哲学和数学教授。

如果说威廉舅舅是第一个发现牛顿的不同寻常之处的人，那么，巴罗教授则是第一个发现并把牛顿引向这种不同寻常的人。就在巴罗教授担任卢斯卡数学教授的这一年，牛顿的导师普莱恩教授把牛顿介绍给了他。

普莱恩教授指着牛顿对巴罗说：

"这个古怪的小伙子就是我曾经跟你提起过的艾萨克·牛顿。瞧，他跟你有一个相同的名字呢！"

巴罗教授微笑着回答说：

"科学需要天生异禀之人，这个古怪的小伙子正是科学需要的人才。"

普莱恩教授点了点，表示同意。随后，他又说：

"那么，我就把艾萨克·牛顿交给你了。"

牛顿走上前，向巴罗教授问好。在接下来的谈话中，巴罗发现牛顿对笛卡尔的几何有相当的了解，但对欧几里得几何却所知甚少。但不管如何，巴罗认为牛顿是一个不可多得的可造之材，于是，他决定利用自己的职权授予牛顿"公费生"的资格。这就意味着，牛顿再也不用为教授和贵族子弟充当佣人来赚取午餐费了。

（三）

巴罗教授欣赏牛顿的才华，牛顿也对巴罗教授主持的讲座产生了极大的兴趣，他从来没觉得学习科学是这么有意思的事情。在巴罗教授的指导下，牛顿开始系统而广泛地阅读哲学和自然科学方面的著作，如伽利略的《恒星使节》《两个世界体系的对话》、开普勒的《光学》、笛卡尔的《几何学》等。

据说，激起牛顿对数学的浓厚兴趣的是一本关于占星术的书。剑桥镇是一个信息和商业中心，每年在收割和耕种的间歇时期，穿着各色服装、操着不同方言的商人都会赶到这里参加英国最大的市集——斯托尔桥市集。每当这个时候，剑桥的大街小巷就会摆满琳琅满目的商品，有金属、玻璃器皿等生活用具，有羊毛和丝绸等纺织品，还有书籍、玩具和乐器等文化用品。

有一天，牛顿偶然步出校园，到斯托尔桥市集闲逛。他在市集上来回踱步，不时看看摆在街道两旁的地摊。忽然，一本关于占星术的书引起了他的注意。

"占星术"亦称"占星学""星占学"或"星占术"等，是一门起源于原始社会早期的伪科学。在原始社会早期，人们发现天体运行与一些自然现象有着密切的联系，便猜想人间的一切事务皆是由星象决定的。渐渐地，根据天象来预卜人间事务的占星术便诞生了。

早期的占星术多是利用星象观察来占卜较为重大的事件，如战争的胜负、国家或民族的兴亡以及国土或大臣的命运等。后来，人们逐渐将占星术推而广之，扩展到个人命运以及日常生活中的琐事。

在漫长的中世纪，随着人们对日月星辰运行规律的掌握，占星术出现了各种体系和复杂的推算方法，愈加显得神秘莫测了。

在牛顿生活的时代，占星术依然大行其道，在人们的日常生活中占据着重要的地位。牛顿对这种能知过去与未来的"知识"也产生了浓厚的兴趣。他蹲下身，拿起那本占星术的书翻了起来。

卖书的是一个留着长胡子的老者。他望了望牛顿，见有生意送上门了，便趁机怂恿道：

"这是一本好书，读懂了书中的内容，便可以像神灵一样，知晓过去与未来了！"

牛顿不信，抬起头，反问道：

"这本书真的有这么厉害吗？你能预知未来吗？"

老者回答说：

"并不是每一个人都有这种福气的。我才疏学浅，根本没有看懂书中的内容。年轻人，你是剑桥大学的学生，应该能够读懂的。"

在老者的怂恿下，牛顿掏钱将那本占星书买了下来。回到学校后，牛顿越读越感兴趣，甚至达到了废寝忘食的地步。然而，由于缺乏三角知识，他看不懂书中所绘的天象图。为了深入了解天体位置和观测知识，他不得不去购买了三角课本和欧几里得的《几何原本》。欧几里得几何是三角学的基础，也是当时的学者研究数学的入门教材。

然而没过多久，牛顿就发现，所谓的占星术纯粹是骗人的把戏。他买的那本占星书内容空洞，言之无物，从那里根本学不到什么知识，更不用说培养知晓过去与未来的能力了！牛顿将占星书丢在一旁，愤愤地说：

"天知道会有哪个傻瓜对这个问题抱有希望！"

（四）

占星术没学会，但欧几里得的几何学却激起了牛顿学习数学的兴趣。1664年圣诞节前夕，牛顿又在市集上买了范·舒滕的《杂论》和笛卡尔的《几何学》。虽然他半年前就开始阅读笛卡尔的书，但在图书馆里看书实在太麻烦，他索性自己买了一本。

这些皇皇巨著就像是蕴含着无尽知识的海洋，而牛顿则像一块掉进海洋里的海绵，如饥似渴地学习和钻研文艺复兴以来的科学发现与成果。巴罗教授的讲座和笛卡尔的《几何学》迅速将牛顿引向了近代自然科学的宝库，尤其是光学和数学方面。从此，牛顿真正开始了他的科学研究之路。曾有科学史家指出，巴罗教授是一个天才，而他真正伟大之处在于发现了更伟大的天才。

牛顿对自然科学和数学的尖端成就有着令人惊异的理解力，巴罗教授几乎要为之倾倒了，他毫不犹豫地把自己所有的学识与心得全部传授给牛顿。有人这样评价巴罗教授：

"尽管他在数学上无疑是一位才华横溢、有独立创见的天才，但不幸的是，他只是一颗预报牛顿这个太阳升起的晨星。"

后来，巴罗教授自己也经常谦虚地说：

"我对数学虽略有造诣，但和牛顿相比，只能算是一个小孩。"

除了阅读伽利略、笛卡卡等人的著作，牛顿还抽时间仔细阅读了玛吉拉斯的经院哲学概论，注释过斯普拉特的《英国皇家学会史》以及早期的《哲学汇刊》等，用希腊文注释过亚里士多德的《工具论》和《伦理学》等。这些都表明，牛顿在经院修辞学和演绎逻辑方面颇具根基。

后来，牛顿又陆续在市集上买过很多书，其中包括英国著名数学家沃利斯（1616—1703）的《无穷算术》，还买了一个棱镜，在宿舍里再现了他多年前进行过的实验。

此时，牛顿已不是那个懵懂无知的少年了，他已具备了一定的现代科学知识。他发现，太阳光谱为红、橙、黄、绿、蓝、靛、紫七色，发现白光是各种颜色的混合物，并且提出了各种颜色是由不同折射率的光形成的。这是牛顿的光微粒学说和颜色理论的初步想法。

然而，牛顿在剑桥大学的几年里并没有什么突出的成就，这只是他汲取知识的养分、相信原子论以及在光学和数学上开始有所发明与发现的时期。这直接导致了他在一次三一学院研究生特别奖学金的角逐中失败。当时申请这项奖学金的有两名候选人，一位是牛顿，另一位是尤维代尔。

巴罗觉得两人在学识方面不相上下，最后便决定把这笔钱给了尤维代尔。牛顿对这件事情似乎很漠然，他从来没有在笔记中提及失败时的感受。或许，像他这样一位来自乡下的乡巴佬早已习惯了失败。

这一时期，牛顿的生活也过得出奇平淡。他和同学之间几乎没什么来往，只生活在自己围成的一个狭小圈子里。除了和他有同样抱负的威金斯之外，他几乎没有朋友，也没有给同学留下什么印象。牛顿一直过着清教徒式的简朴生活，即使在他获得了公费生的资格之后，他的生活质量依然很糟糕。

当然，牛顿并不是苦行僧，偶尔他也会光顾一下学院附近的小饭馆，很有礼貌地叫来侍者，点几道廉价的菜肴，或再喝上一杯。虽然这在他的同学看来简直不值一提，但对牛顿来说，这已经是破天荒的事情了。

牛顿在这一时期记过生活账目，包括到小饭馆去吃饭的消费在内，他都清楚地记在账本上。令人惊讶的是，牛顿在账本上记录过这样一件事情：他曾经打过牌，而且输了两个英镑。如此看来，牛顿的身上有很多矛盾的地方，他内心深处有追求享乐的倾向，但思想深处的清教徒思想又阻止他这样做，以致他只能在欲望战胜理智之时，偶尔放松一下。

有一次，一位商人请大名鼎鼎的牛顿为一块做工精致的棱镜估值。牛顿完全被那块精美的棱镜吸引住了。当商人问他价值几何时，他毫不迟疑地回答说："它是一件无价之宝！"商人见状，立即引诱牛顿以较高的价格将其买了下来。他的朋友知道这件事情后，打趣道："嘿，你这个笨蛋，你只要按照玻璃的重量折一个价就行了！"

第五章 创立微积分理论

没有大胆的猜测，就没有伟大的发现。

——牛顿

（一）

1664年底，一颗彗星出现在天空中，拖着长长的尾巴从东向西飞去。那天晚上，牛顿正在宿舍里静静地思考着什么，突然听到威金斯在外面喊：

"艾萨克，快来呀，彗星出现了！"

牛顿闻声走出房间，抬头仔细地注视着天空中的彗星。夜深了，威金斯打算回宿舍休息去了，他轻轻走到牛顿的身旁，低声说：

"艾萨克，我们该休息了。"

牛顿似乎根本没有听到威金斯的话，依然一动不动地盯着彗星看。威金斯拍了拍牛顿的肩膀，提高声音说：

"嘿，艾萨克，该休息了！"

牛顿这才回过神来，心不在焉地说：

"你先休息吧，我再观察一会儿。"

威金斯回去了，牛顿依然安静地站在校园里，仰头望着天空。直到黎明时分，彗星完全消失在光明之中，他才精神恍惚地回到宿舍。

天亮了，校园里沸腾起来，人们都在纷纷议论前一天晚上出现的彗星。当时，大多数人都认为彗星是天空中神秘莫测的旅行者，它的出现对人们来说是不祥的征兆。人们纷纷说：

"不知道这次会出现什么灾难！"

几天后，从荷兰传来消息说，那里出现了一种新的瘟疫，可能来自意大利，也可能是从克里特岛或塞浦路斯传来的。一时间，伦敦的人们陷入惶恐之中，不知道这种新型瘟疫会不会传到英国。到时候，人们该怎么办呢？

就在人们恐慌之时，瘟疫已经在人口密集的伦敦蔓延开了。在最初的几周里，每天都有人痛苦地死去，开始是几个人、几十人，后来是上百人、上千人……由于死去的人太多，连尸体都没法掩埋。

为了提前将学生遣散回人口稀疏的乡下，剑桥大学不得不提前为当年毕业的学生举行毕业典礼。1665年1月，剑桥大学评议会通过了授予牛顿文学学士的决议。获得剑桥大学三一学院文学学士的这一年，牛顿22岁。

牛顿给母亲写了一封信，告诉她自己已经得到了学士学位。但在瘟疫肆虐的岁月里，邮差死的死、逃的逃，牛顿的信过了好几个月才抵达伍尔兹索普。

在一片末日情绪里，剑桥大学已经开始遣散学生。三一学院的学生们纷纷放弃学业，回到空气新鲜、人口密度较小的乡下避难。

牛顿却不愿意返回伍尔兹索普故乡。一来，他与母亲和几个弟弟、妹妹的感情十分生疏，根本不知道如何与他们相处；二来，牛顿不愿意离开学校，他生来就不是一个当农民的材料。如果回到伍尔兹索普，他的学业怎么办？他的科学实验又怎么办？

牛顿在三一学院一直拖到5月份，始终不愿离开。这时，母亲汉娜的回信到了，母亲在信中写道：

"亲爱的艾萨克，来信已经收到。我和弟弟、妹妹们都很好，愿上帝保佑我们！"

母亲这封简短的回信勾起了牛顿内心深处的情感。他是一个自幼缺乏母爱的人，一旦母亲对他表露一丁点儿的情感，他就无法控制自己。在母亲的召唤之下，牛顿终于收拾行李，背起背包，心情沉重地回到故乡伍尔兹索普。

临行前，巴罗教授告诉他，院方已经决定录用他为三一学院的"学侣"。学侣相当于现在的研究生，不但可以免费住在学院提供的宿舍里，还可以领取少量的薪水。这就意味着，牛顿可以在瘟疫过后回到剑桥就职，而不必四处去寻找工作了。

离别4年，故乡依旧。房子还是那座房子，农场还是那处农场，连远处的小山都没有任何变化，依然郁郁葱葱，飘着水果的香味。这是牛顿第二次辍学回家，也是他一生中最为重要的时期。正是在故乡避难的这18个月，牛顿完成了许多人一辈子也无法完成的伟大事业；也正是这18个月，牛顿用他的聪明才智改变了人类科学事业发展的轨迹。

（二）

牛顿回乡后做的第一件事，就是自己动手盖了一个书房，又做了几个书架。他将在剑桥大学买的书和记录的笔记工工整整地摆在书架上，又开始认真读书了。从继父史密斯那里得到的旧笔记本派上了用场，他把这个笔记本命名为《杂录》，开始用它写读书笔记。这些笔记是牛顿早期从事科学研究和哲学思考的记录。他不断向自己提出问题，逼着自己去思考、计算答案，然后又提出新的问题，进行新一轮的思考。就这样，他的研究很快就超越了他那个时代的知识前沿。不过，当时的牛顿并没有意识到这一点。

在那一时期，各种奇思妙想和科学的灵感就像泉水一样源源不断地从牛顿的脑海里喷涌出来。他的光学、数学、力学、化学和自然哲学思想在这段日子中都有了雏形，甚至取得了一些显著成绩。

牛顿在这段岁月里取得第一项伟大成就是发明了微积分。我们知道，数学是进行自然科学研究的基础。牛顿之所以能够在天文学、物理学和化学等方面都取得巨大的成就，很大一部分原因是他本身就是一位出色的数学家。

在牛顿生活的时代，困扰数学界的一个难题是如何作曲线上任意一点上的切线，并计算曲线下面的面积。有一天，牛顿在书房里静静地阅读笛卡尔的《几何学》与沃利斯博士的《无穷算术》，不知不觉入了迷。读着读着，牛顿发现了一个惊人的秘密，那是一些关于级数的规律。不久，牛顿就将其发展成为任意次幂的二项式展开定理。这是牛顿数学生涯中第一个富有创造性的成果。

随后，牛顿展开了艰苦的计算工作。他用一种独特的方法计算了双曲线形的面积，并且一直精确到小数点后52位。这是一个非常接近双曲线形真实面积的数字。在稿纸上，2000多个数字密密麻麻而又十分整齐地排列着，这是牛顿构思无穷数列并且进行运算的开始。

牛顿可能不知道，他的这一举动已经从实际上转换了数学发展的状态。牛顿让无穷在数学中变得有意义起来，而笛卡尔没有做到这一点，也没有想过要这样做。他曾经说：

"我们根本不应该进入对无穷的讨论。由于我们自身不是无穷的，因此让我们去决定任何与无穷相关的事物都是荒谬的！这就等于我们试图去限制或停止它。对那些问直线的一半是不是无穷的、一个无穷的数是奇数还是偶数等问题的人，我们不要去理会他们。人不应该去想这样的问题，除非他认为他的头脑是无穷的。"

但牛顿用事实证明了，人的大脑不但可以思考无穷这个概念，还可以用数学方法来表示它、测量它。关于无穷的概念，牛顿反反复复地思考了很久。无数次，他仿佛找到了正确的答案，但随即又在论证中推翻了自己的结论。接下来，他又一次次地重新思考，用新的定义和符号来推演这一概念。

困扰牛顿的问题之一是"极微量"，即比任何有限量都要小，但却不为零的量。面对这一问题，牛顿突然想到了"不可分割的量"，即将无数个极微量加在一起，或许能够形成有限量的点。这就引出了被零整除的矛盾，即"$2 \div 0 = 2（1 \div 0）$"。很显然，这个等式是没有任何意义的。但如果这里的"0"并不是一个真正意义上的零，而是一个无限接近于零的极微量或"不可分割的量"，这个等式不但成立而且还是有意义的。

牛顿在他的《杂录》中记下了这样一段话：

"一个球体到底可以有多大，数字大到多少就不能计算了？物质可以分解到什么程度？对于时间和延伸，我们可以想象到什么程度？这些都是未确定的，但所有的延伸就是永恒，（$a \div 0$）是无穷的。"

牛顿这段话中所说的"0"，便是他用来代表极微量的一个符号。就这样，被牛顿称为"流数术"的数学方法已经基本成型了。"流数术"是牛顿首创的，也就是后来被称之为"微积分"的数学分支。

（三）

微积分是现代自然科学与工程技术中一种基本的数学工具。今天，它已经成为普通高等学校中必修或者选修的一门普通基础课程。但在牛顿生活的时代，这还是一门高深莫测的学问。

有了二项式定理的模糊概念之后，牛顿经常安静地坐在农场上的苹果树下，继续思考这一常人看来十分枯燥的问题。现在，连小学生都知道：距离=速度×时间，速度=距离÷时间。不过，这是在非常理想的状态下得出的结果，即物体必须始终处于匀速运动状态之中。但在现实生活中，根本就没有始终保持均匀运动的物体。实际上，物体运动的速度大都处于不断变化之中，是一个变量而不是常量。

一般情况下，物体运动的趋势可以概括为三种类型，即越来越快、越来越慢和忽快忽慢。一件从高处下落的物体，如从果树上掉往地上的苹果，运动速度便越来越快；水平或垂直向上扔一个物体，它的速度则会越来越慢。在另外一些情况下，如跑步的运动员或正在追赶老鼠的猫，其运动速度大多是忽快忽慢的。

非常明显，现实生活中的速度是一个非常复杂的变量，根本无法使用"速度=距离÷时间"这一等式来计算。正是基于这一点，牛顿在二项式定理的基础之上建立了微积分的计算方法。

牛顿已经意识到，时间的流逝是客观存在的，它不会以任何事物的转移为转移。同样，所有的物体都在一个客观存在的空间运动着，而这个空间也会以在空间里的任何物体为转移的。所有的变量都是物理量，而物理量和客观的岁月流逝有因变关系。牛顿把和时间有关的因变数称为流量，而把速度称为流数。在已知诸流量关系的情况下，求它们流数间的关系，这就是牛顿提出的微分法；已知一个包含流数在内的方程，求那些流数的流量间的关系，这是积分的基本问题。

牛顿是基于何种理论建立起微积分方法的呢？他认为，既然"速度=距离÷时间"这个等式在理想的状态下是正确的，那么，截取物体运动中某一瞬间，并考察它在这么短暂的时间内所移动的微小距离，速度不就等于距离和时间之间的商数了吗？当这一时间接近于无限短暂的时候，得出的速度就会无限接近于物体运动的实际速度。同样，与这一瞬间前后相邻的瞬时速度也可以计算出来。对它们的大小进行比较，自然就可以清楚地知道速度的变化率了。

微积分便是计算变量和变率的特殊的数学方法。由变量计算变率的，称为微分；由变率计算变量的，就是积分。微分和积分彼此成为一对逆运算，就好比是加法和减法、乘法和除法互为逆运算一样。

（四）

从历史发展的角度来考察牛顿创立微积分这件事情，人们会发现，微积分的创立并不是忽然从"无中生有"的。微积分的创立是一系列数学思想历经漫长岁月演变的结果。其实，早在牛顿以前，无数数学前辈就已对此做了大量有益的探索。

在古希腊时代，伟大的数学家毕达哥拉斯提出的关于"数"和"无限"这两个概念的定义中，就已经孕育着微积分学的思想方法；中国三国时代的数学家刘徽和南北朝时期的数学家祖冲之在计算圆的面积及圆周率等问题时，也涉及了一些极限和微积分思想。但在随后的数千年间，这一数学工具的发展十分缓慢。

到17世纪上半叶，天文、光学与力学等自然科学飞速发展，然而为这些学科提供计算工具的数学却止步不前。科学家们都迫切地希望解决这一问题，几乎所有的大师们都开动他们智慧的头脑，整日里苦思冥想着如何才能找到合适的数学工具，特别是描述运动与变化的无穷小算法。

牛顿是幸运的。在他来到人世之前或者稍后的一段时期内，这个问题有了新的进展。开普勒的旋转体积计算法、法国数学家费马

（1601—1665）求极大极小值的方法、笛卡尔的解析几何及切线构造法以及沃利斯的分数幂积分等一系列前驱性的工作，都对求解各类具体无穷小问题作出了可贵的和有益的贡献。只不过，这些方法还缺乏普遍性和一般性，暂时不能完全满足当时科学的普遍需要。

这项具有历史性的伟大工作似乎专门在等待着牛顿来完成。站在巨人肩膀之上的牛顿能够看得更高、更远，他把前行者们分散的努力综合在一起，形成了一股巨大的合力；他把自古希腊以来求解无限小问题的各种特殊技巧统一为两类普遍的算法——微分与积分，并确立了这两类运算的互逆关系，从而完成了微积分发明中最后的、也是最关键的一步。

这位伟大的科学家完成了一项成就空前的研究工作，但他自己并没有意识到这项工作的重要性。除了在《杂录》上将计算方法记录下来，并将手稿交给几个朋友传阅之外，他对这项具有开天辟地意义的重大成就保持了沉默。

这很有可能是因为当时瘟疫横行，出版业又不发达，牛顿想发表二项式定理和"流数术"并不容易。也有可能是他的思想在当时还不甚成熟，而牛顿自小养成的孤僻性格又使他非常害怕被攻击，无论这种攻击是身体上或是心理上。他一辈子都试图小心翼翼地生活，不去招惹任何人。或许正是因为害怕被科学界攻击，他才采取了沉默的态度。事实上，他确实通常将新发现藏在自己的肚子里，不到迫不得已的时候绝不说出来。

但历史的发展往往令人无法理解。牛顿害怕被麻烦找到，但麻烦却偏偏十分喜欢与他相伴。他的这一谨慎，在多年之后给他带来了一次不小的麻烦。当然，刚刚发明微积分方法的牛顿根本无法预测未来发生的事情。

第六章　苹果落地的启示

我的成就当归于精微的思索。

——牛顿

（一）

1665年秋季的一天，牛顿像往常一样坐在苹果树下静静地思考科学问题。秋天是一个瓜果成熟、四面飘香的好季节，苹果树上果实累累，红彤彤的，十分诱人。一阵微风吹过，苹果的清香飘来，直沁心脾。这是多么诱人的场景啊！

但牛顿似乎根本没有注意到这一切，他既没有伸手去摘一个鲜亮的红苹果，也没有心思去欣赏秋季的成熟之美。

突然，"砰"的一声，一只大苹果从天而降，恰好落在了牛顿面前，把他吓了一跳！牛顿抬起头，瞅了瞅四周，喃喃自语道：

"哪个小家伙在和我开玩笑呢？"

半晌，除了"呼呼"的风声之外，他没有听到任何回应。苹果树的叶子在沙沙地晃动着，已经成熟的苹果也随风而动，随时可能落下来。牛顿中断了思考，愣愣地望着苹果树和地上的那个"天外来客"。

"苹果落地"这一简单的自然现象引起了牛顿的强烈好奇心。他想：

"为什么苹果不往天上飞，也不向前后左右掉，而偏偏是垂直下落呢？"

他的思绪越飞越远，飞到了月球，飞向了茫茫的宇宙。那颗落地的苹果在他的眼中变成了月亮，变成了行星，变成了一个个天体。牛顿想到了亚里士多德，想到了哥白尼，想到了伽利略等伟大的天文学家和物理学家。

为什么行星会绕着太阳运动？为什么它们不沿直线飞去？是什么力量使它们没有飞出去呢？难道是太阳拉住了它们吗？那么月亮也是地球拉住的吗？苹果是地球拉下来的吗？地球的力量到底有多大呢？

瞬间，牛顿仿佛变成了一座雕塑，一动不动地凝视着地上的苹果，完全沉浸在宇宙的奥秘之中。人们在讲述这个故事时往往会依据自己的偏好，掺杂一些神秘的成分在里面，说牛顿在瞬间顿悟，参透了宇宙的规律，发现了万有引力。

实际上，在那颗著名的苹果落地之前的许多年，人们就已经在思考这些问题了。伟大的天文学家开普勒便是其中最著名的一位。开普勒自幼体弱多病，4岁时出天花还落下一脸麻子，但这并没有为他以后的科学研究带来什么麻烦。这位在牛顿尚未出生就英年早逝的科学家，对天文学有着浓厚的兴趣。每当夜幕降临，他总要歪着脖子，仔细观察夜空中的星星。大学毕业后，开普勒成了丹麦著名的宫廷天文学家第谷·布拉赫（1546—1601）的助手。

第谷过着优裕而平静的生活，他专注于天文观测达21年之久，所获得的材料也空前丰富，并且十分准确。毫不夸张地说，第谷是领导现代天文学革新的第一位前驱者。当然，这并不是因为他提出了什么惊人的理论，而是因为他那堆看起来十分混乱的观察材料。

第谷很欣赏年轻的开普勒，在临终之前将自己的观察材料全部交给开普勒。得到如此宝贵第一手资料，让开普勒激动不已。然而，开普勒虽然继承了第谷的天文观测资料，却没有继承他的天文学思想。开普勒崇拜哥白尼，是一个坚定的哥白尼主义者，对哥白尼提出的"日心说"坚信不疑。开普勒曾诚挚地说：

"我从灵魂的最深处相信它是真实的，我以难以相信的欢乐心情去欣赏它的美！"

后来，开普勒提出太阳对行星具有吸引作用。开普勒认为，行星离太阳越远，行星的运动灵魂就越弱。同时，他还认为，在太阳上只有一个运动着的灵魂，当一个天体离太阳越近，太阳对天体的推斥力就越强。但是，太阳对距离更远的天体，由于距离和能力的削弱而不起作用。

在宗教式的热情的驱使之下，开普勒相信，天体的运动一定会有规律性。于是，他把着眼点首先放到寻找行星运动的规律上，火星成为他的目标。然而，当他把按照他的体系计算出来的火星位置和第谷观测值相比较时，发现两者之间有一定的差距。开普勒坚信第谷所得资料是可靠的，而对哥白尼提出的圆形轨道产生了怀疑。

经过辛勤的观测和计算，开普勒终于在1569年有了重大发现。他得出"火星绕太阳运行的轨道不是圆形，而是椭圆形，太阳位于这个椭圆形的一个焦点上"的理论。开普勒为自己的这个发现兴奋不已。也正是这一发现，引起了天文学的全部革新。在此后的10年里，开普勒进一步对行星运动展开了深入细致的研究，并最终提出了著名的行星运动"三大定律"。

（二）

开普勒"三大定律"的提出是天文学史上开天辟地的大事。这一理论体系把哥白尼的学说往前推进了一大步，从而奠定了一种全新的天文学基础。但开普勒没能有效地解决行星运动的动力学问题。行星为什么会按照三大定律运动呢？是什么力量维持着那些巨大的天体在宇宙空间围绕着太阳旋转，既不飞去，又不掉下来？

三大定律提出之后的许多年里，并没有成为天文学家们所拥有的公共财富。开普勒与其他科学家的论战长期进行着，直到他默默地去世为止。如果他知道牛顿将继承他的衣钵的话，他肯定会感到十分欣慰的。

早在三一学院读书期间，牛顿就对运动理论有了早期想法。在他学生时代的笔记本和文件中有许多物理课题的札记。从这些材料中可以看出，牛顿读了查利顿的《论伽桑狄》，迪格拜的《论伽利略》和《哥白尼天文学概要》等著作。在阅读托马斯·斯特里特的《查理时代的天文学》时，牛顿从中摘录了开普勒的第三定律和其他一些天文资料。

在瘟疫横行的岁月里，牛顿在伍尔兹索普老家开始认真思考和研究引力问题。为了看一看他能否解释开普勒的定律，牛顿尝试着做了一些粗略的计算。但这些计算只是尝试而已，他并没有深入思考行星运动的奥秘。自从那颗著名的苹果落地之后，情况不一样了。每当夜幕降临之时，牛顿都会悄悄地走出家门，到农场上去观察夜空中闪烁的群星。

有时候，一家人正在吃饭，牛顿会突然冒出几句谁也听不懂的话。汉娜很担心儿子的精神状况，弟弟妹妹们则干脆给这个行为怪异的哥哥贴上了"神经病"的标签。

在反复思考中，牛顿终于悟出：地球肯定存在一种肉眼看不见的拉力，将苹果拉到了地上，正如它拉着月亮，使其始终围绕自己转动一样。但这里又有一个矛盾，那就是，地球的拉力为什么恰好可以使月亮围绕自己转动，而月亮不会像苹果一样被地球的拉力拉到地上呢？

在随后的几个月里，牛顿始终无法解释这一问题。后来，他非常聪明地想到了伽利略的一些观点。伽利略指出，物体具有一种惯性，运动的物体在没有外力影响的情况下会一直运动下去。这使牛顿意识到，月亮始终围绕着地球运动是因为它在最初形成之时就获得了一个初速度，并一直按照这个速度运动了下来。

然而，这并没有解释月亮为什么不会被地球的拉力拉到地面的问题，也没有解释月亮为什么会绕着地球运动，而不是作直线运动，摆脱其固有的运动轨迹。伽利略另一个关于物体运动的理论又给了牛顿关键性的启发。伽利略在抛物运动理论中指出，平抛物体具有两种各自独立的运动趋势：一个是水平方向的匀速直线运动，一个是在垂直方向上的自由落体运动。这两种运动趋势结合在一起，就形成了以曲线为轨迹的下落运动。

这样，牛顿结合月亮初速度的设想，便得出了月亮绕地球运动的原理：具有足够大初速度的月亮在地球的引力下，一方面向地面坠落，另一方面又向着水平方向飞出。这两种运动趋势最终合成了月球的绕地运动，使月球能在与地球保持一定距离的轨道上周而复始地运动下去。

这下，"苹果落地"的现象有了合理的解释。月亮环绕地球旋转，是因为地球吸引着它；同样，苹果落地，也是地球吸引了它，使成熟的苹果向地球掉下来的力和使月亮环绕地球旋转的力是同一种力。

由此，牛顿认为，月亮持续不断地环绕地球运动是一种不断向地球降落的运动。那么月亮在地球的吸引下为什么不掉到地球上来呢？牛顿认为，月亮正是按着地球表面的曲率绕着地球在掉落着。而且，苹果同月亮一样，也在吸引着地球。任何物体，甚至宇宙间的一颗小小的流星，也对每个物体都有吸引力，因此，当地球在吸引苹果向它降落的时候，苹果也在吸引着地球，只是苹果的吸引力太小，无人觉察到，于是看上去是苹果在掉落。月亮则大得多，在地球以巨大的力吸引月亮的时候，月亮也以巨大的力吸引着地球。由于双方都在不停地自转的同时又公转，这就使月亮既不会飞走，也不会掉下，地球的引力刚好保持在让它在它的轨道上运转。

这便是牛顿万有引力定律的最初雏形。提出了这种假说之后，牛顿开始计算地球的引力。要计算地球的引力，牛顿需要知道地球半径的准确数据，然而，他的记忆发生了错误，他把地球每一纬度的长度为111.2千米错记成了96.56千米。这就使他的计算结果比实际的大了15%，也使他的这项研究在很长一段时间里没有新的进展。

（三）

在计算地球的引力受挫之后，牛顿的心情变得很糟糕。他在《杂记》中写道：

"适量的饮酒可以使人产生美妙的感觉；然则，暴饮暴食则令人产生幻想。同样，过度的研究也会使人疯狂。"

很显然，牛顿已经意识到了过度的科学研究对他健康的损害，但他无法控制自己不去思考这些问题。在万有引力的课题上遇到困难之后，牛顿又转向他感兴趣的另一个科学领域——光学。

早在中学时代，牛顿就做过一些关于光学的实验，在三一学院又重复了这些实验。可以说，牛顿在自然科学上的发明与发现，最早成熟的就是关于光学的思想和研究。

17世纪，由于弗朗西斯·培根（1561—1626）这位英国唯物主义和整个现代实验科学的真正始祖的不懈奋斗，实验哲学已经冲破了亚里士多德以及经院哲学的樊笼，对英国的哲学家和科学家产生了深刻影响，实验科学也由此得到长足的发展。光作为人类认识大自然的一个重要课题，也在人们不断深入的研究之中渐渐现出了它的本质。

在牛顿时代，虽然光学发展呈现了一个良好的势头，但其理论基础依然十分薄弱。古希腊时期，带有唯物主义色彩与倾向的哲学家伊壁鸠鲁（约公元前341—公元前270年）和卢克莱修（约公元前95—公元前55年）就认为，光是由物体表面放出的粒子组成，人们瞳孔中的极为细小的图像是由物体释出的。视觉就是这些释放出的粒子在眼睛里引起的感觉。

然而，唯心主义的亚里士多德则认为，视线是从眼睛出发，碰到物体后又射回眼睛。此后，关于光的性质就发展到是粒子还是波的争论，众说纷纭，莫衷一是。在漫长的中世纪，亚里士多德的观点长期占据着统治地位，光学的发展也几乎陷入了停滞。

文艺复兴之后，随着显微镜和望远镜的出现，光学进入了一个新的春天，一个著名的定律也随之诞生了。1601年和1621年托马斯·哈里奥特（1560—1621）和威伦布罗特·斯涅耳（1591—1626）分别在英国和荷兰发现了光的折射定律：光在两种介质中传播，对于给定的界面来说，入射角的正弦和折射角的正弦总是相互保持同一比例。

1637年，笛卡尔在他的《屈光学》中也提出了这个定律。1662年，那位纯数学家费马从最短光程的最小原理中推导出这一定律，从而为这一定律得到学者们的公认作出重大贡献。

现在，该轮到牛顿了。牛顿在三一学院曾认真读过笛卡尔等人的光学理论，但他是一个从来不迷信书本的人，他有自己的想法，要自己动手做实验来验证这些理论的正确性。这是牛顿的一大特色，也是他开创的一种新的研究方式。在此之前，科学家们往往只提出某种假说，而不用实验去验证。但到了牛顿时代，仅仅只提出假说是不够的，还必须以可以复制的实验来验证假说的正确性。

由于经济上的原因，牛顿在三一学院读书期间只买了一块棱镜，这就使得他在做光学实验时只能依靠这一仪器来操作。在乡下躲避瘟疫的那段日子里，百无聊赖的牛顿自己动手磨制了一些形形色色的光学透镜，其中包括一块三棱镜。

这样，牛顿就有了两块棱镜，他的光学实验便可以继续了。像在中学和大学时做的实验一样，牛顿关上门窗，并在百叶窗上钻了一个小孔，以使适量的阳光射进来。然后，他把棱镜放在光线入口处，光线因之折射到对面的墙上，显出了美丽的彩虹色。

这已经不是牛顿首次"制造"出彩虹了，但这一次，牛顿的实验更加仔细。他反复移动棱镜，那道彩虹的顺序始终为红、橙、黄、绿、蓝、靛、紫。牛顿猜想，这七色光或许原本就是组成阳光的成分，而不是棱镜变出的魔术。

为了验证这一假说，牛顿进行了进一步的实验。他用一块挡板将棱镜分解出的彩虹挡住，然后在挡板上挖了一个小孔，只让一束红光通过，最后再让这束光通过另外一块棱镜。实验结果不出牛顿所料，这束光穿过第二块棱镜之后，只是变得更宽了，再也分解不出其他颜色了。

这就是牛顿著名的色散实验。通过它，牛顿提出了自己的光学理论，即阳光是由红、橙、黄、绿、蓝、靛、紫七色光组成的，每种光都不能再分解了。

牛顿继而想到，既然阳光可以被分解成七色光，那么七色光就能合成白色的阳光。为了验证这一想法，牛顿又做了另外一个著名的实验。他先让一束阳光通过棱镜，然后用一个透镜接收棱镜分解出来的七色光，将其聚合为一束光线。结果，设置在透镜后方的纸板上出现了一个白色的光点，就如同射入棱镜的阳光一样。

牛顿的结论得到了完美的验证。在接下来的3个月里，牛顿不断重复这一实验，并逐步将其归纳为系统的光学理论。

第七章　重返三一学院

胜利者往往从最后5分钟的坚持中得到了成功。

——牛顿

（一）

1667年4月，肆虐一时的大瘟疫终于随着伦敦的一场大火而逐渐平息了。

1666年9月2日的晚上，伦敦市区布丁巷的一个面包师在完成了一天的工作之后，竟然忘记了熄灭火炉。火炉在夜间点燃了旁边的家具，继而引起了大火。由于大瘟疫期间伦敦居民死亡多达6万人，活下来的人也大多逃到了乡下，留在市区的人很少，火势没有得到有效的控制。大火迅速蔓延，一直烧到了泰晤士河的北岸，87个教区的教堂、1.3万间民房和数百座仓库在大火中化为灰烬。幸运的是，传播瘟疫的蚊虫蛇鼠等也在大火中被烧死大半，瘟疫也随之平息。

1667年4月22日，伦敦瘟疫平息的消息传到伍尔兹索普。一个年轻人在乡间小道上一边飞奔着，一边大喊：

"嘿，要命的瘟疫终于过去了，大家可以放心生活了。"

牛顿听到年轻人的喊声，夺门而出，站在农场边上冲他大喊道：

"这个消息确切吗？"

年轻人回答说：

"确切！有一个朋友刚从伦敦回来，那里的人们正在废墟上建设新家园呢！"

牛顿又问：

"有剑桥的消息吗？"

年轻人回答说：

"听说了，剑桥正准备复课呢！很多学生都已经回去了。"

牛顿飞奔过去，一把抱住年轻人，兴奋地说：

"谢谢你，谢谢你！"

说完，牛顿转身奔回房间，迫不及待地把那本厚厚的《杂录》塞进包袱，匆匆向母亲和弟弟妹妹告别，然后往剑桥镇的方向奔去。一路上，牛顿风餐露宿，搭乘顺路的马车，终于在两天后赶到剑桥。

离别了一年多，剑桥镇和首都伦敦都发生了很大的变化，其中伦敦的变化最大。劫后余生的人们正在清除灰烬，重建家园。瘟疫爆发之前，伦敦完全保留着中世纪时期的样式，低矮的茅草房挤挤挨挨地堆在街道的两旁，蚊虫成堆，蛇鼠到处乱窜……现在，吸收了大瘟疫和大火的教训，伦敦居民开始用石头建房子，街道也比从前宽敞、清洁多了！

伦敦变了，牛顿也变了。18个月前，他只是一个对科学有着浓厚兴趣，但十分懵懂的青年；而今，他已经成为一个站在世界最前沿的科学家。不过，当时的牛顿并没有意识到这一点。他不知道，在过去的18个月里，他提出的微积分、光学理论和万有引力定律已经彻底颠覆了传统科学理论；他不知道，他在过去18个月里所取得的成就已经为他一生的丰功伟绩奠定了基础。在此后的岁月里，牛顿所从事的大部分科研工作都是对这些理论的验证、补充和完善。就算他从此之后什么也不干，单单这些"蓝图"就足以使他名垂青史了。

牛顿的归来让巴罗教授十分高兴，他亲自到三一学院的门口迎接这位大脑里充满各种奇怪想法的年轻人。巴罗教授兴奋地对牛顿说：

"欢迎你回到三一学院，我的艾萨克！"

牛顿不是一个擅长表达自己情感的人，他只是慢步走到巴罗教授的身边，轻声说：

"你好，巴罗先生。"

随后，这对师生便一前一后向学院的生活区走去。令人诧异的是，虽然此时的牛顿在科学上已经取得了许多重大发现，但他并没有向任何人提及此事，甚至对巴罗教授也保守了秘密。或许他认为这些思想还不成熟，或许他本身就是一个不爱张扬的人。

（二）

重返三一学院，牛顿默默苦干的精神与他身上掩饰不住的才华很快就引起了巴罗教授的注意。一天晚上，这位伟大的贤者把牛顿叫到自己的宿舍，开门见山地说：

"艾萨克，你的数学才华已经远远超过了我，卢斯卡数学教授的位子早晚是你的。"

牛顿惶恐地望着巴罗教授，半晌才反问道：

"我有这样的能力吗？"

巴罗教授微笑着说：

"孩子，你的数学才华是不容置疑的！不过，鉴于你从未在教学岗位上工作过，我现在只能推荐你当讲师。"

讲师是三一学院的初级教师，是校委会的初级委员。如果能当上讲师，那就意味着牛顿不但可以从院方得到一定数额的薪资，还获得了自由出入图书馆的权力。前者对牛顿似乎并没有多大的吸引力，他天生对金钱没有什么概念，生活也十分简朴。不过，自由出入图书馆的权力对他而言无异于地球对苹果的吸引力那样巨大。

牛顿当即向巴罗教授表示感谢。1667年10月，牛顿被三一学院任命为选修课研究员，相当于讲师的职务。不久，他又被升为主修课研究员。主修课研究员可以享受很多待遇：每年有两英镑的津贴，可以住在单人宿舍，参加各种学术团体的活动。不过，每一个研究员都必须遵守三一学院的规定，不准结婚。

升任主修课研究员那天，牛顿和另外两位同事一起发誓道：

"我将用我的灵魂拥护基督。如果我不能把神学作为我学术研究的目的，并在需要时遵从神圣的旨意，我将自动退出三一学院。"

在众人的掌声中，牛顿成了三一学院的主修课研究员。从此之后，牛顿开始有了比较稳定的收入。除了主修课研究员的津贴之外，他还能从母亲那里得到部分补助，也可以靠给学生上课赚得微薄的工资。牛顿用这些钱买了新的鞋子和做学士服的布料，但大部分钱还是用在了科学研究上。

这段时间，牛顿继续思考他在故乡伍尔兹索普提出的各种假说。他就像是一个孜孜不倦的过滤器，决心把所有的曲线划分成不同类型，大的类别中还要细分出不同的小类型。在这项研究中，他发明的微积分方法派上了用场。很快，他的研究就取得了成果。他认识到，曲线结构是点和曲线在空间中运动的结果。经过反复思考，牛顿在笔记中共记录了58种不同类型的曲线。

有一天，巴罗教授给牛顿看了一本皇家学会会员尼古拉斯·墨托卡的著作——《对数术》。这位伟大的数学家在书中陈述了计算无穷级数的对数方法。

看着这些内容，牛顿大吃一惊，因为他发现的数学规律又被别人再次发现了。不过，墨托卡的论证还不够充分，他在论证中仅仅列举了几个有限数列。在牛顿看来，这种研究方法是不具备普遍适用性的，仅仅只是他在伍尔兹索普研究无穷级数时碰到的几个特例。

尽管如此，这件事情给牛顿的触动依然很大。如果继续对业已取得的成果保持沉默的话，那些伟大的规律会在众人的研究中被一点一点地揭示出来。届时，自己所取得成果还有什么意义呢？

回到宿舍之后，牛顿便开始着手撰写《对无穷级数的分析》。几天之后，牛顿把这篇论文交给到巴罗教授手中。巴罗接过论文的手写稿，不解地问道：

"这是什么？"

牛顿淡淡地回答说：

"我对无穷级数的一些思考。"

巴罗教授"哦"了一声，便低头认真看起来。他越看越兴奋，脸上不禁现出了笑容。突然，他把牛顿的论文贴在胸口，激动地说：

"哦，艾萨克，你发现了一个伟大的秘密！你会开创数学史上新的辉煌！"

牛顿笑了笑，回答说：

"我只是想让这些想法发挥一点作用。巴罗先生，你能否帮我把这篇论文寄给皇家学会的约翰·柯林斯先生？"

约翰·柯林斯是皇家学会的数学顾问。但耐人寻味的是，牛顿不同意巴罗在信中透露自己的姓名。

（三）

过了一段时间，柯林斯热情地给巴罗写了回信，并询问论文作者的身份。巴罗立即给柯林斯写了回信。他在信中写道：

"我非常高兴我的这位朋友的论文能得到你的赞许。他的名字是艾萨克·牛顿，是我们学院的一位主修课研究员。尽管他还非常年轻，但却在这个领域中表现出了非凡的才华和驾驭能力。"

柯林斯将牛顿的论文抄了一个副本，并将其提交到皇家学会的会议，请会员们审查这篇数学论文。多年之后，这个论文副本成了珍贵的史料，至今仍保留在皇家学会的史料馆。与此同时，柯林斯还把牛顿所取得的成果写信告诉他在欧洲数学界的一些朋友。就这样，牛顿的名字第一次传到了剑桥以外的地区。

《对无穷级数的分析》一文让年轻的牛顿与皇家学会资深科学家柯林斯建立了联系。由于牛顿不大擅长与人交流，再加上他当时正全身心地论证他在故乡伍尔兹索普提出的各种假说，他一个月只能与柯林斯通一次信。

每次，牛顿只透露他数学思想的一些片段。柯林斯总想知道更多的内容，但牛顿却不肯说了。有一次，柯林斯想让牛顿在回信中给他画一张关于解三次方程的示意图，但牛顿在回信中写道：

"解决三次方程的图像相当容易，而且画得很明白。但画这些图实在是一项辛苦而令人烦躁的工作，我没办法说服自己在信中给你画示意图。"

不过，牛顿的冷淡并没有让柯林斯失去耐心。他送给牛顿一些书，并继续在信中提一些问题，比如如何计算一笔存款的利息。在今天看来，计算存款的利息是一件很简单的事情，任何一个学过多次方程的中学生都能轻而易举地解决这个问题，但在当时，这却是一个长期困扰数学界的难题。

牛顿在回信中告诉柯林斯计算这个问题的公式，但他却坚持要求柯林斯只能公开公式，而不能公开他的名字。牛顿这样做有自己的理由，他在回信中说：

"因为公众的尊敬不是我渴望得到的。这也许能增加我的知名度，但这并不是我所希望的。"

尽管如此，牛顿这个在当时来说还显得十分陌生的名字依然逐渐在科学界传开了。一些著名的科学家开始慕名给牛顿写信，向他请教一些问题，或向柯林斯和巴罗教授打听牛顿的消息。

1669年，巴罗教授开始整理自己的《光学与几何讲义》，打算公开出版。他曾打算将牛顿的《对无穷级数的分析》作为附录，随同该书一起发表，但牛顿拒绝了巴罗教授的好意。他对巴罗说：

"这篇论文还很不完善，我必须进行必要的修改和补充之后再发表。"

巴罗劝他说道：

"数学研究并不是一蹴而就的事情，你不可能在几天或几个月之内解决所有的问题。我建议你先发表这篇论文，等你将来有了新的成果，再随该文一起发表也为时不晚。"

但牛顿坚持自己的意见，始终不同意公开发表这篇论文。就这样，巴罗教授最后不得不放弃自己的想法，任牛顿继续深入研究。直到1711年，他的微积分思想才逐渐公之于世。

（四）

作为巴罗教授的亲密助手之一，牛顿参与了《光学与几何讲义》的编修工作。在编修过程中，牛顿对巴罗教授的一些观点作了修正。巴罗认为，白色是释放充足的和各方向同样清楚的光，黑色是根本没有放出光，红色是放出比通常更清楚但却被阴影隔断的光，而蓝色是释放稀疏的光。治学态度严谨的牛顿不同意巴罗教授的这些观点，并劝说自己的老师暂缓发表该书。

直到1674年，这部著作才得以公开发表。巴罗教授在该书中首次将牛顿称为科学家。在前言中，巴罗教授写道：

"我们著名的、知识渊博的同事艾萨克·牛顿博士把本书的初稿通读了一遍，做了必要的修改并补充了他个人的意见，使本书在许多地方生色不少。"

牛顿在数学和光学上的成就让巴罗教授十分欣慰。当时，这位雄心勃勃的教授十分崇拜国王查理二世，认为自己在更多方面是一个神学家而不是数学家。因此，他产生了辞去卢斯卡数学教授职位的想法。但由于暂时没有找到合适的接班人，这位对学术极负责任的科学家暂缓了这一计划。现在，他发现牛顿在数学、光学上的才华之后，毅然决定辞去卢斯卡数学教授一职，将其交给年轻的牛顿。

1669年秋的一天，巴罗教授将牛顿叫到自己的宿舍，对他说：

"亲爱的艾萨克，你在数学和光学上的成就都已经超过了我，我希望你能接替我就任卢斯卡数学教授一职。"

听到巴罗教授的话，牛顿惊得半晌合不拢嘴。这一职位只有最负盛名的科学家才有资格担任，年仅26岁的牛顿怎么也没有想到自己会得到这个职位。过了许久，牛顿才喃喃地说：

"我真不知道自己能不能胜任此职！"

巴罗教授宽慰他说：

"这一职位的象征意义远比教学意义更大。现在，你已经是整个不列颠最有成就的数学家了，而且你还这么年轻，以后会有更大的成就的。由你担任这一职务，简直是最合适不过的了！"

过了半晌，牛顿终于点点头，答应了巴罗教授的要求。

第二天，巴罗教授坦然宣布：

"鉴于三一学院的主修课研究员艾萨克·牛顿的学识已经超过我，我决定辞去卢卡斯讲座的数学教授一职，并推荐牛顿担任此职。"

作为曾经的卢斯卡数学教授，巴罗的话在三一学院具有相当重的分量。在他的大力推荐下，牛顿于10月19日顺利地成为新任卢斯卡数学教授。

如今，任何一本科学史都会提及巴罗教授，这并不是因为他在科学上创立了什么惊人的理论，而是因为他慧眼识英才，给牛顿指明了研究的方向，将其引到数学发展的最前沿。正因为他的远见与无私，牛顿才在其科学生涯中开辟出一条坦途。

现在，牛顿和巴罗教授都成为三一学院的骄傲。在三一学院的校园里，矗立着两座最为著名的雕像，一座是艾萨克·牛顿的雕像，另一座就是巴罗教授的雕像。巴罗教授的雕像矗立在牛顿雕像的北边，它时刻在告诉人们：在牛顿这位巨人背后还有一位欧洲最优秀的学者，他就是发现并给了牛顿机会的巴罗教授。

就这样，牛顿在26岁之时便成为三一学院有史以来最年轻的教授之一。

牛顿是世界历史上最早的股民之一。1711年，英国南海公司发行了世界上最早的股票。1720年1月，牛顿也拿出了7000英镑，买了几百股。两个月之后，谨慎的牛顿把这些股票全部卖掉，赚的钱居然比本金还多！但牛顿却后悔了，因为该公司的股票价格依然在一路攀升。于是，牛顿加大投入，购买了更多的股份。但5个月之后，该公司股价大跌，许多投资人血本无归，牛顿也亏了2万多英镑！事后，牛顿叹道："我能计算出天体运行的轨道，却计算不出人性的贪婪。"

第八章　卢卡斯讲座的年轻教授

你若想获得知识，你该下苦功；你若想获得食物，你该下苦功；你若想得到快乐，你也该下苦功。因为辛苦是获得一切的定律。

——牛顿

（一）

1670年的新年刚过，三一学院便迎来了一个历史性的时刻——牛顿正式就任卢卡斯讲座的数学教授。

第一次讲座开始时，牛顿显得有点紧张。为了这次讲座，他精心准备了几个星期，把要讲的内容全部写在笔记本上。他夹着讲义，心情忐忑地走上讲堂。

卢斯卡讲座是公共课，凡是三一学院的学生都可以来听讲。因此，院方为卢斯卡讲座准备的教室很大，足以容纳好几百人。即使如此，座位有的时候仍然不够用。巴罗教授任卢斯卡数学教授之时，许多前来听讲的学生只能站在教室的后墙角。

牛顿的第一次讲座也吸引了很多学生。牛顿站在讲台上，抬头望去，只见教室里座无虚席，后墙角也站满了人。学生们都想看一看，那个在学识方面已远远超过巴罗教授的年轻人是什么样子，他的学识到底有多广博。

牛顿有些紧张，磕磕巴巴地开始了他的讲座。然而，讲座刚刚开始十几分钟，教室里的学生就陆续离开了。作为一个科学家，牛顿无疑是一个成功者；但作为一个教授，他却是一个失败者。他不懂如何跟学生交流，不懂如何深入浅出地讲解那些艰深晦涩的科学知识。学生们坐在教室里，被牛顿那呆板的授课方式弄得一头雾水。

学生们陆续离开了，但牛顿却讲得非常起劲，全身心地投入到他的科学世界之中。他时而对着讲义照本宣科，时而转身在黑板上写下一串串公式，全然没有注意到学生已经越来越少。

等到下课的时候，牛顿放下讲义，抬头一眼，教室里只剩下了几个昏昏欲睡的学生，正在一脸茫然地望着他。牛顿意识到，自己所讲授的内容太艰深了，学生们很可能无法理解。于是，牛顿便在通俗易懂方面下起工夫。

然而，牛顿的努力仍然收效甚微。第二次讲座开始时，前来听课的学生虽然比第一次少了不少，但教室里仍然坐得满满当当的。与第一次讲座相似的是，当讲座进行到十几分钟时，教室里的学生又离开了大半。

毫不夸张地说，剑桥大学的三一学院汇集了当时英国全部的科学精英。但是，即使是这些精英也无法跟上牛顿这位巨人的思路；而且，牛顿所讲的知识比他们平时接触的那种中世纪式的传统科学思想先进太多，他们一时还无法理解。就这样，前来听讲座的学生一天天在减少。

牛顿产生了一种高处不胜寒之感。有时候，这位伟大但却没有什么自信的科学家甚至会怀疑自己的真正水平。他想：

"如果我不是一位孤独的智者，那么就是一个在错误的道路上越走越远的愚者。"

为了吸引学生来听课，牛顿又在讲课通告上做起了文章。他用了许多颇能吸引人、打动人心的词句，如"年轻的卢斯卡讲座教授"、"最前沿的科学知识"等。或许正是因为他的科学知识太前沿了，大多听过他一次讲座的学生便不会再去第二次，因为他们实在无法理解牛顿那深邃的科学智慧！

前来听课的学生越来越少，迟到者也越来越多。在大部分时间里，牛顿不得不站在讲台上，捧着讲义，静静地等待听众。有时候，直到快下课时教室里也没有出现一个听众。碰上这种令人尴尬的场景，牛顿只好默默地站着，什么话也不说，直到课时只剩下四分之一或者更少时才走出去。

此时，牛顿在科学界的声誉日盛，但在学生中的名声和威望并不出众。许多学生提到牛顿时都会讥讽道：

"牛顿先生，一位对着墙壁讲课的年轻教授！"

（二）

牛顿天生就不是当教授、"传道授业解惑"的材料，他更适合做一个沉浸在自己世界之中的学者。他可以在混乱如麻、艰深晦涩的科学世界中披荆斩棘，为科学指明前进的道路，但却无法在课堂讲明白自己的理论。

卢斯卡讲座的失败可能使牛顿有点丧气，但他从来没有因此而灰心，而且院方也不会因为他的课没人去听便取消他的职务。根据规定，除非牛顿犯下通奸、信奉异教、谋杀等重罪，否则的话，院方无权解除他的职务。幸运的是，卢斯卡讲座并不是每天都要开设。通常牛顿一星期只要讲一次课，并向图书馆提交一份讲义就可以了。

虽然大部分学生都不喜欢牛顿的课，但也有一些学生被他深深吸引了，愿意与他交朋友，因为牛顿的生活方式太吸引那些立志要在科学的道路上闯出一番天地的学生们了。牛顿很不注意个人形象，大多时候他都蓬头垢面，不修边幅。他不刮胡子，不梳头发，衣服也不大干净，有时甚至会沾上一些饭粒。很多时候，他还会忘了到食堂去吃饭。

有一次，牛顿的生日快到了。为了庆祝自己的生日，牛顿决定在宿舍里宴请朋友们。黄昏时分，牛顿到食堂置办了饭菜，然后坐在宿舍里等候朋友们。

过了一会儿，一位客人来了，两人聊起了一些科学话题。这时，牛顿突然灵感迸发，想到一个重要的问题。他站起来对朋友说：

"嘿，我想到了一个十分重要的问题。既然客人还没有到齐，我先去做个实验，失陪了。"

客人知道牛顿的性格，便点了点头，回答说：

"好吧，我在这里等其他人。"

牛顿拿起笔记本向实验室走去。客人知道牛顿一做起实验就会忘了时间，便提醒他说：

"你要快一点儿呀！"

牛顿点点头出去了。但进入实验室之后，牛顿就忘记了客人的嘱咐。实验进行得很顺利，他完全忘了请客的事。

这时，客人们都来齐了。他们左等右等，就是不见牛顿出现。几个小时过去了，一位客人说：

"朋友们，艾萨克不会那么快走出实验室的，不如我们先吃吧！"

饥肠辘辘的客人们纷纷响应，风卷残云般地喝光了酒，吃完了饭菜，然后便在牛顿的宿舍里聊起科学问题。

凌晨时分，牛顿的实验终于做完了。他伸了伸懒腰，突然想起了请客吃饭的问题。他赶紧将实验仪器收拾一下，快步跑回宿舍。此时，客人们聊兴正浓，还没有散去。

牛顿向众人说：

"朋友们，真抱歉，我来晚了！"

一个爱搞恶作剧的朋友说：

"一点儿也不晚，你刚才已经陪我们吃过饭了啊！"

牛顿挠了挠后脑勺，反问道：

"是吗？"

那位朋友说：

"是的！你看桌子上的空盘子和空酒杯，我们都已经吃过了呀！"

牛顿看了看桌上的空盘子和空酒杯，自言自语地说：

"我还以为我忘了陪大家吃饭呢，原来我已经陪大家吃过饭了。"

说完，牛顿头也不转地走出宿舍，又到实验室做实验去了。朋友们见状，一个个笑得前仰后合。

或许，正是这种"教授范"让一部分学生同牛顿建立了良好的关系。在众多的学生中，对牛顿的生活和事业影响最大的要算查尔斯·蒙塔古了。查尔斯出身贵族，是曼彻斯特伯爵的孙子。在三一学院，他也是一位风云人物，享有与主修课研究员同桌吃饭的资格。他十分崇拜牛顿，曾经热心地帮助牛顿筹建剑桥哲学学会。他们一帮人折腾了好一阵子，但最终还是没能将哲学学会的牌子挂起来。

和牛顿建立了亲密友谊的还有亨利·莫尔、爱德华·佩格特、弗兰西斯·阿斯通、约翰·艾利斯和维盖尼等人，但牛顿怪异的性格似乎注定他无法拥有长久而牢固的友谊，所以除了查尔斯之外，其他大部分朋友都很快与他分道扬镳了。

（三）

卢斯卡数学教授所开设的讲座并不仅仅局限于数学领域，而是涵盖了物理、天文等在内的一切自然科学。牛顿最初在卢斯卡讲座上讲授的内容也不是数学，而是大学生们非常关注的光学。

当时，牛顿非常关注光的折射和望远镜的制作等问题。牛顿发现，当光从一种介质进入另外一种介质时，光线会发生弯曲的现象。这就是光的折射。

例如，当光从空气进入玻璃时，就会产生折射。牛顿还通过进一步的实验发现，不同颜色的光其折射角度是不同的，即每一种颜色都有自己的折射率。牛顿曾身穿三一学院那特制的鲜红色教授长袍站在讲台上，以纯数学声明的方式向学生们宣布这个问题。

在制作望远镜的问题上，牛顿没有停留在思考和计算上，而是亲手磨制镜片，打算亲手制作一架望远镜。要想打开宇宙的大门，探索宇宙的奥秘，光凭肉眼是无能为力的，必须借助于先进的光学仪器和设备，其中最重要的就是望远镜。

在过去的几千年里，人们之所以会产生一些错误的宇宙观，在很大程度上就是因为实验仪器和设备的匮乏造成的。16世纪末到17世纪初，两种具有划时代意义的光学仪器——显微镜和望远镜问世了。

早在13世纪之时，英国著名的科学家罗杰尔·培根（1214—1294）就对透镜做过很多试验。他宣布说：

"若是从一个曲面凸的或凹的透镜去透视一件物体，所得到的现象是不同的，它能够变成这样：大的使我们看成了小的，或者相反，小的看成大的；远的看成近的，隐蔽的变成看得见的。"

这位站在科学前沿的科学家甚至断言：

"有了这些东西，我们就可以做到使太阳、月亮和星星看上去好像降低了一点似的。我们还可以利用它们做到让一般没有科学信仰的人不敢相信的事。"

在神学和上帝占绝对统治地位中世纪，这一断言势必会将罗杰尔·培根推向统治者和教会的对立面。当权者十分恐慌地宣布说：

"培根是一个异教徒！如果他有胆量把太阳从天上搬下来，那也一定是魔术。"

不久，教会就宣布罗杰尔·培根有罪，将他关进了监狱。这位伟大的科学家在监狱里待了15年，直到快死的时候才被放出来。当权者的无知与残暴使望远镜和显微镜的发明延迟了300多年。直到1590年，在科学史上具有深远意义的显微镜才在偶然的机会中诞生。

1590年，荷兰的眼镜匠人查·詹森在无意中把两片大小不同的凸透镜重叠在一起玩耍，当两块镜片移动至某一距离时，他眼前的事物突然被放大了好多倍。詹森被这个奇怪的现象吸引住了，他不断地调整变换着两片凸透镜的位置，发现有时物体能够放大许多倍，有时却不大清楚。

詹森把这个奇异的现象告诉了父亲。父子两人立即动起手来，他们用薄铁片卷了两个不同口径的铁筒，把两个凸透镜分别装在大小铁筒上，然后把两个铁筒套在一起，让小铁筒在大铁筒里滑动，利用铁筒的滑动来调整透镜的距离，使成像更加清晰。就这样，世界上第一架望远镜问世了。

（四）

望远镜诞生之后，立即引起了一些科学家的注意。1610年，意大利著名的科学家伽利略将望远镜对准了天空。这位精益求精的科学家不断努力，终于将望远镜放大率从3倍提高到了60多倍。当他把一架精制的望远镜送到他的资助者威尼斯大公手中时，这位科学和艺术的热心资助者乐坏了，不停地说：

"好，好！太好了！"

然而，伽利略并没有因此而洋洋自得，他坚信自己还可以制造出更高效能的望远镜。他不断寻找最合适的透镜曲率和最适当的镜管长度。功夫不负有心人，伽利略最终制造出了一架放大率大约为1000倍的望远镜。

当时，伽利略所使用的望远镜是仿照荷兰的样式制造的。这种望远镜有一个明显的缺陷，就是有一个负目镜，限制了观察者的视场。荷兰式望远镜的这一缺陷严重地限制了天文学的发展。

1655年，荷兰著名的科学家克里斯蒂安·惠更斯（1629—1695）和他的哥哥康斯坦丁一起制造了一架焦距长达2.67米的望远镜。利用这个庞然大物，惠更斯发现了土星的一颗卫星，并且确定它的运转周期是16天零4小时。后来，他又观测到了神秘的"土星环"，揭示了土星神秘的形状变化。

从此之后，惠更斯的望远镜焦距不断增大，最后达到了36.58米以上。这是采取一种加大焦距来相对地缩小透镜差的办法。虽然这一办法取得了相当不错的效果，但其缺陷也是显而易见的。由于焦距不断增大，望远镜筒也必须做得非常长。为了稳定这个庞然大物，惠更斯不得不为它配上一个庞大的支架。

尽管如此，这种巨大的望远镜依然不稳。在没风的夜晚，它自己就会抖动；一旦有风，它就左右摇晃。在这种情况下，观察者想通过它看清夜空中的景象是非常困难的。

　　这种庞然大物在惠更斯以及其他天文学家那里使用了很长一段时间。虽然它操作起来很困难，但这毕竟是当时世界上最好的折射望远镜了。

　　惠更斯的望远镜还有一个缺陷，那就是球面像差和色差。到了牛顿时代，人们普遍认为惠更斯的望远镜已臻完美，没有什么需要改进的了。至于球面像差和色差完全是不可避免的事情，甚至连牛顿也这样认为。

　　在这种情况下，想要进一步研究天文学，必须另辟蹊径，发明一种新型的望远镜。于是，许多学者都开始考虑研制别的类型的望远镜。他们不约而同地想到了用球面反射镜代替会聚透镜的办法。但很可惜，绝大部分科学家都没能完成他们的设计，只有牛顿成功了。

　　早在伍尔兹索普的故乡避难期间，牛顿就开始自己磨制镜片，研究望远镜了。经过长期的努力，牛顿终于发现了折射望远镜的缺陷所在。制造望远镜的工匠们早就发现，球面透镜不可避免地会让图像变模糊，因而射到镜片上的光线无法聚在一点上。而且，他们造的透镜越大，就会出现越多他们不想要的各种颜色的光环。

　　牛顿发现，折射望远镜之所以会出现这种缺陷，并不是手工制造不完美，而是由白色光的性质决定的。白色光不是单色光，而是复色光，它是多种颜色的光混合在一起的结果。而各种颜色的光具有不同的折射率，这就导致了白色光穿过透镜时会产生各种颜色的光环，即球面像差和色差问题。

　　实际上，牛顿的这种看法是错误的。到18世纪，人们成功地消除了色差。然而这种错误的想法却促使牛顿去开辟一条新的道路，他想到利用光的反射原理制造出一种新型的反射望远镜。

牛顿前半生穷困潦倒，后半生虽然说不上富可敌国，但也过上了锦衣玉食的生活。不过，牛顿始终十分节俭。他去世后留下的物质财富多达34330英镑。在当时看来，这绝对是一个天文数字，足以买下一座不小的城市了。

第九章　成为皇家学会会员

谦虚对于优点犹如图画中的阴影，会使之更加有力、更加突出。

——牛顿

（一）

牛顿的单身宿舍位于三一学院的教堂边上。夏季，那里绿树成荫，鸟语花香，十分幽静。每到深夜，宿舍周围万籁俱寂，只有"唧唧"的虫鸣。然而，牛顿的窗内依然烛光摇曳，窗户上映着他忙碌的身影。他亲自设计研磨抛光机，研磨金属材料，力求金属镜面光滑无暇。从早到晚，他就这样废寝忘食地工作着！

教堂旁边的小路上偶尔会出现三两个晚归的人。他们望着牛顿映在窗户上的身影，悄声议论道：

"艾萨克一定是疯了！他这样下去会把自己折磨死的。"

另外一个人回答说：

"科学需要献身精神。或许，艾萨克会成为世界上最伟大的科学家。"

又有一个人叹息道：

"或许如此吧，我们就等着看他的伟大成果吧。"

在研究反射望远镜期间，牛顿遇到了众多的技术问题和困难。但在牛顿坚忍不拔的毅力面前，这些问题都一一迎刃而解了。在给皇家学会一位会员的信中，牛顿写道：

> 我从您上次来函中得知，贵会的一些成员正在寻找一种适用于较大反射望远镜的金属合金。请您听从我的劝告，在他们寻找一种坚硬耐用的合金材料时，不要挑选那种布满微孔的材料。尽管一种材料从外表上看可磨得很光洁，但微孔四周却比这块材料的其他部分要磨损得快些，因此这块看起来磨得很好的材料却不能进行有规则的反射。
>
> 我再补充一点，研磨粉或其他磨料都有十分尖利的微粒，如果这些磨料本身不是十分精细的话，它们就会在金属面上划出细小的缝痕。

1668年秋季，牛顿设计制成了第一架反射望远镜的模型。这架望远镜只有0.15米长，直径更小，只有0.025米，但它的效果却十分理想，足以将物体放大40倍，已经达到了长达2米的折射望远镜的效果。用这个小不点，牛顿观察到了木星的4个卫星和金星的盈亏现象。

尽管这架反射望远镜并不完美，但这个新生儿还是令牛顿感到无比骄傲和自豪。牛顿在笔记上写道：

> 由于材料低劣，镜面磨得也不够光洁，这个望远镜没有1.83米长的望远镜看得那样清楚。但我想，用这架反射望远镜可以看到和那种0.91米或1.2米长的望远镜一样多的东西，特别是用来观察发

亮的物体时尤其如此。我非常清晰地看到木星及其卫星和金星的盈亏现象。

这台小型反射望远镜问世之后，牛顿写了一篇简短的报告。一时间，科学界对这种"小不点"产生了浓厚的兴趣。英国皇家学会得知这一消息后，立即要求牛顿正式做一架给他们看看。牛顿答应了这一要求，但他精益求精的性格使他直到1671年才制造出第二代反射望远镜。

第二代发射望远镜是当时世界上最好的一架望远镜了。当时，英国王室非常崇尚天文学，国王查理二世对牛顿制造的反射望远镜非常感兴趣。当年秋季，这台望远镜被送到查理二世的手中。查理二世爱不释手，把玩了老半天，一个劲儿地称赞道：

"太神奇了，太神奇了！艾萨克真是一个天才！"

皇家学会将这架望远镜视若珍宝，并向全世界公布了牛顿取得的成就。至今，牛顿亲手制作的这架反射望远镜依然珍藏在皇家学会的博物馆里，上面还刻着一行小字：牛顿爵士亲手所造世界上第一架反射望远镜。

得到国王的赞许和皇家学会的推崇之后，牛顿的名字立即在欧洲传开了。1671年12月23日，索尔兹伯里的主教萨拉姆和牛津大学天文学教授瓦尔德联名提名牛顿为英国皇家学会的候补委员。

（二）

1671年末，皇家学会的秘书奥登伯格亲自给牛顿写了一封信，希望能刊印一份反射望远镜的制造说明。他在信中说：

"亲爱的艾萨克·牛顿先生，一个你不认识的人因为被你的创造力折服而写了这封信……"

奥登伯格敦促牛顿公开制造反射望远镜的说明，以便赢得公众的认可。在公开发表科学研究成果的习惯刚刚形成的年代里，人们对抄袭的可能性十分警觉。奥登伯格告诉牛顿，在三一学院见过反射望远镜的外国人很可能会篡夺牛顿的研究成果。他说：

"新发明被假装旁观的小人从发明者手中抢走的事情发生得太频繁了！"

皇家学会的秘书奥登伯格是一位杰出的语言学家。在英国内战期间，他曾作为外交使节到英格兰执行克伦威尔交付的外交使命。从那时起，这位出身传教士的学者就开始与英格兰的一些学者建立联系，如约翰·弥尔顿（1608—1674）、罗伯特·波义耳（1627—1691）等人。后来，这些人都成为皇家学会的核心成员。

成为皇家学会的秘书之后，奥登伯格便开始利用普通的邮政系统和他当外交使节时期建立起来的外交官员网络接受来自遥远城市的信件，尤其是巴黎和阿姆斯特丹的。到了1665年，奥登伯格开始批量印刷皇家学会与欧洲著名科学家的通信，寄给皇家学会会员。这就是皇家学会会刊《哲学汇刊》的雏形。

作为皇家学会的秘书，奥登伯格一直把制作和传播这份科学杂志视为自己的事业，直到他去世为止。《哲学汇刊》自从开办以来一直都是牛顿获得信息的重要渠道。

因此，牛顿十分欣赏奥登伯格的才华。但由于当时特殊的学术环境，牛顿并不打算接受皇家学会会员的提名。尽管一些有经验的天文学家认为牛顿的发明比传统的折射望远镜放大的倍数大，但也有人对此持有怀疑态度。他们宣称，他们用牛顿的望远镜根本找不到天体。

与此同时，皇家学会的重量级会员罗伯特·胡克（1635—1703）

甚至向他的同行们宣称，他早在1664年就造出了一架更具威力的望远镜，而且比牛顿的望远镜更精巧，直径只有0.025米。只不过由于当时瘟疫横行，他才没有继续他的研究。但至今人们也没有找到胡克在1664年造出反射望远镜的证据，科学史家们认为，胡克很可能是出于嫉妒才这样说的。在胡克的眼中，牛顿在科学面前还是个孩子。但现在，这个孩子的科学成就已经远远超过了他。

牛顿在给奥登伯格的回信中，以非常谦逊的口吻写道：

我很惊讶您对我的发明的安全问题这样关心。其实，至今为止它对我来说并没有太大的价值。因此，当皇家学会提出愿意资助我的发明时，我必须说明它已经从他们那里得到很多了；而对我来说，我并不渴望公开这一发明。因此，我希望继续把它作为私人物品，就像我过去连续几年里做的一样。

有趣的是，牛顿在两周之后又突然改变了主意，决定接受皇家学会会员的提名。1772年1月6日，牛顿给皇家学会秘书奥登伯格写了一封信。他在信中说：

我对萨拉姆主教提议我为候选人感到荣幸，我希望这个荣幸将因我被选入皇家学会而进一步赐予我。果真如此的话，我将通知您：以我卑微的努力促进你们的哲学计划的实现，竭力证明我的谢意。

1月11日，牛顿因为制造出当时世界上最先进的反射望远镜顺利地进入皇家学会，成为其中的一员。英国皇家学会是英国科学活动的中心，云集了一批最优秀的科学家。从此之后，牛顿不但与英国科学的领导机构有了密切的联系，也成为英国最有名望的学者之一。

（三）

成为皇家学院的会员之后，潜心于科学研究的牛顿很少到伦敦去参加学会的例行会议。不过，他遵守了对奥登伯格的诺言，写了一份反射望远镜的制作说明。在一次例会上，奥登伯格亲自朗读了牛顿的信。1672年2月，这封长信被刊登在了《哲学汇刊》上。

不久，牛顿在出席皇家学会例会时，公开宣读了他的论文《关于光和颜色的新理论》。这些理论是牛顿在伍尔兹索普的故乡避难期间形成的，后来又有所发展。牛顿在文中指出：让太阳光通过一个小孔后照在暗室里的棱镜上，在对面的墙壁上会得到一个彩色光谱。他认为，光的复合和分解就像不同颜色的微粒混合在一起又被分开一样。

在这篇论文里，他用微粒说阐述了光的颜色理论。这是牛顿首次公开发表论文，然而它却没有获得一致赞同，在皇家学会中颇有威望的罗伯特·胡克和克里斯蒂安·惠更斯直截了当地表示了他们的不同意见。

牛顿宣读完毕，胡克就站起来，慢条斯理地说：

"艾萨克·牛顿先生，我们知道您作出了很大的努力。对您的工作，我们很钦佩。但是，我们同样注意到，你的这些结论无论如何都不能称之为论据充分的理论。"

胡克一句一顿地说着，房间里静得出奇。只要胡克讲话，没有谁敢弄出什么响声来，大家都担心这位坏脾气的科学家会当众对自己发火。

胡克刚刚说完，惠更斯又站了起来。当时，这位来自荷兰的科学家患上了重感冒，嗓子有些沙哑。他的声音很低，但却十分有力。他说：

"艾萨克·牛顿先生，您认为您的方法能解释所有的颜色现象吗？"

惠更斯紧紧地盯着牛顿，不等他回答又继续道：

"不，不能，你不能解释……"

惠更斯没有说完，胡克又接过话头说：

"而且，除了您的理论之外，别的理论也是可能解释这一切的。"

胡克的意思再明显不过了——他的波动说也可以解释光的传播和折射等问题。胡克认为，光的传播与水波的传播相似，是以太的一种纵向波，光的颜色则是由其频率决定的。牛顿和胡克的思想实际上都是对笛卡尔的光学思想的继承和发展。笛卡尔在他《方法论》的三个附录之一《折光学》中曾提出了两种假说：一种假说认为，光是类似于微粒的一种物质；另一种假说认为，光是一种以"以太"为媒质的压力。

牛顿没有否定胡克的"波动说"，也没有偏执地坚持自己的微粒说。胡克的质疑确实指出了牛顿颜色理论中的一些缺陷，如他的微粒说无法有效说明颜色和薄板表面的距离究竟有多大关系，而恰恰胡克的波动说却可以作出较为满意的解释。

牛顿意识到了微粒说的这一缺陷。在随后的日子里，他积极进行了一系列实验，希望用事实来回答胡克提出的问题。在这个过程中，牛顿构建了意义重大的新理论——关于透明薄膜的彩色现象。在阳光下，云母片或肥皂泡等薄膜上都会产生一些美丽的色彩。牛顿发现，有些材料的薄膜产生的是某一组彩色，而另外一种薄膜产生的则是另外一组彩色。这就是所谓的"牛顿环"现象。

牛顿发现，当他把一块透镜放在另一块平板玻璃或其他透明材料上时，在接触点的周围会形成一组明暗相间的同心圆环。这些交替出现的光环后来被称为"牛顿环"。

他还观察了球形玻璃与平面玻璃靠近时，彩色光环与球面和平面之间空气厚度的关系。牛顿发现，厚度越小，色环的宽度越大；反之，色环愈窄和愈密，彩色光环按日光谱顺序呈周期性排列。

又一扇大门向牛顿敞开了，兴奋不已的牛顿高兴得几夜没合眼。他必须抓紧时间，抓住机会，进一步验证这些新理论。牛顿开始把各种各样不同的透镜引入他的实验，以使实验多样化。他甚至用水打湿透镜，使得空隙层不是由空气、而是由水组成。

此外，牛顿对由棱镜光谱中分离出来的单色光产生的"牛顿环"现象也做了研究。在他那间旧得不能再旧的暗室里，牛顿睁大眼睛，一动不动地盯着阳光穿过棱镜后产生的光环。他发现，单色光产生的环扩展到透镜的最边缘的地方，红光造成的圆圈明显比蓝光和紫光造成的圆圈大。随着光的色彩的改变，这些圆也逐渐扩大或缩小。

经过反复的实验，牛顿得出了自己的结论：

"这些环的来源是明显的，即玻璃间的空气。按照它的不同的厚度，对同一种颜色的光有些地方倾向于反射，而其他地方倾向于透射，在同一地方既反射一种颜色的光，又透射另一种颜色的光。"

第十章　与胡克的辩论

你该将荣誉作为你的最高人格标志。

——牛顿

（一）

牛顿对"牛顿环"现象的分析跟他早期从棱镜实验中得出的结论是一致的，即：白色是所有各种不同颜色的混合，而光是具有这些颜色的各个射线的混合。为了解释"牛顿环"现象的出现，牛顿提出了"猝发"理论。

根据这一理论，牛顿指出：

"每条光线在通过任何折射面时，都要进入某种短暂的状态，这种状态在光线传播的过程中每隔一定时间又复原，并在每次复原时倾向于使光线容易透过下一个折射面，在两次复原之间，则容易被下一个折射面反射。"

牛顿把每次返回和下一次返回之间所经过的距离称为"阵发的间隔"。实际上，牛顿在这里所说的"阵发的间隔"就是波动中所说的"半波长"。至于为什么会出现这种状况，牛顿并没有给出合理的解释，只是含糊地说：

"至于这是什么作用或倾向，它就是光线的圆圈运动或振动，还是介质或别的什么东西的圆圈运动或振动，我这里就不去探讨了。"

尽管牛顿从微粒说出发对"牛顿环"现象进行解释是不正确的，但他提出的"猝发"概念，以及精确地测出猝发间隔即半波长的数值，还是对波动光学理论和波长的测定作出了重要贡献。

此外，牛顿在光学的其他方面也作出了许多重要的贡献。但由于出发点的偏差，牛顿在光学革命中非常遗憾地与领导者擦肩而过。牛顿的这些理论一经公布，立即在科学界掀起轩然大波。以胡克和惠更斯为代表的科学家们坚决认为牛顿的理论是错误的，波动说才是正确的。由此，一场关于光的理论的大争论开始了。

作为皇家学会的创始人之一，胡克在学会内享有很高的威望。他知识渊博、多才多艺，但性格冲动，做任何事情都难以持久。他在生物学、光学、力学等诸多方面都颇有建树，但其理论往往是不完整的，因为他做事情总是虎头蛇尾，很少能彻底完成一件事情。

更为不幸的是，这位伟大的科学家有一种令人无法容忍的疑心和嫉妒心。面对和他不同的主张或观点，他总是显得过于激动和情绪化；对那些比他年轻，但成就比他大的后起之秀，他总是会表现出极强的嫉妒心。很多人认为，胡克先生之所以极力反对和否定牛顿，便是出于对这位才智非凡的年轻人的嫉妒。

惠更斯是与牛顿同时代的另一位杰出的物理学家，在数学、天文和物理等多方面都颇有建树。他和他的哥哥康斯坦丁曾制作出当时世界上最先进的折射望远镜；他还设计出人类历史上第一座摆钟，开创了钟表制造史的新纪元。除了亲自动手磨透镜、制造望远镜和显微镜以外，惠更斯还对光学理论有着浓厚的兴趣。

在光学理论方面，惠更斯是波动说的集大成者。他认为光是一种通过以太介质传播的波，与声音相类似。在《光论》一书中，他完成了一种光的机械论理论，解释了光的反射与折射现象。他的这种解释方法从此便成为研究光学的经典方法。

牛顿一直十分尊重胡克和惠更斯这两位科学界的前辈，甚至称惠更斯为"德高望重的惠更斯""当代最伟大的几何学家"。因此，当牛顿的光学理论遭到他们的批评之时，牛顿的心情是相当沉重的。

冲动的胡克先生以一种近乎嘲讽的口吻攻击牛顿说：

"我既不以为牛顿的假说是唯一的，也不认为它可以和数学论证那样是不可推翻的。我想，宇宙间所有颜色的物体混合起来将不会成为一个白色物体，并且我将高兴地看到这样的一种实验……"

从本质上说，牛顿从来不是一个纯粹的微粒学说的支持者，也没有把自己的理论和波动说完全对立起来。从某种意义上说，他并没有完全否认光的波动性。在回答胡克的指责时，牛顿小心翼翼地写道：

"确实，根据我的理论，我主张光的粒子性。但是，我这样做并非绝对确信。因为说法或许太直截了当了，并且最多只是使它成为这个学说的貌似有理的结果，并不是一个基本假设，也不像基本假设的哪个部分，这在前面的命题中是可以完全了解的。"

从牛顿回复胡克的质疑的信中，可以看得出，牛顿没有向对方发起任何挑衅性的攻击，他对自己的微粒说并没有十分的把握，并没有将其视为一种理论上的假设，而是将其当作一种可能的结果。

（二）

除了微粒说和波动说的争论之外，胡克还对牛顿的颜色理论提出了质疑。胡克根本不能同意牛顿光学理论中白色光之中包含了颜色光的观点。他指出：

"所有这些运动或组成颜色的任何东西，都是起源于简单的光线之中，这点为什么必须加以肯定？我不理解，就像我不理解我们听到的风琴管发出的声音就一定是风箱里的空气发出来的一样。"

胡克认为，日光谱是六色的，而不是牛顿宣称的七色。红色和蓝色是两种非复合色，即两种基色。另外四种颜色只不过是红与蓝两种颜色在不同比例下呈现出来的复合色。

牛顿认为胡克的批判是完全错误的，根本站不住脚，立即提笔反击。他在给奥登伯格的信中说：

"如果允许一个人只是从假说的可能性来猜测事物的真相，那我就不知道应该用哪一种可靠性在哪一种科学中可以规定哪些东西了。因为人们可以想出越来越多的假说，并由此带来新的困难。"

牛顿坚持自己的见解，并认为胡克对自己没有讲一点道理而提出赤裸裸的否定可能是由于误解而产生的。

荷兰著名科学家克里斯蒂安·惠更斯的许多光学思想是正确的，他的观点与牛顿的结合在一起，和现代的量子论观点相吻合。不过，惠更斯在当时也对牛顿的理论大加指责。他写信给奥登伯格，质疑牛顿的"假设"，并且抓住牛顿尚未发现的一些细小错误，如并不是所有的颜色混合在一起才能生成白色，蓝色和黄色混合在一起也能呈现出白色。

惠更斯的行为激怒了牛顿，让他不断在《哲学汇刊》上发表论文，捍卫自己的观点。

惠更斯在给奥登伯格的信中，批驳牛顿的颜色理论。他说：

"我已经看到，牛顿先生竭力维护他的关于颜色的新理论，我想最重要的反驳就是用是否存在两种以上的颜色这个问题来反对他。至于我，我相信一个假设应该能机械地和用运动的性质解释黄色和蓝色，对其余的一切，这就足够了。"

牛顿显然是不能同意这种观点的。他在《哲学汇刊》上撰文指出：如果想让黄色和蓝色得出一切颜色，那将是徒劳无益的。牛顿坚信自己的实验结果，并用近乎轻蔑的口气向这位鼎鼎有名的皇家学会外籍会员说道：

"如果他能用实验向我证明它们的颜色是怎样得出来的，我将承认我自己犯了一个错误！"

作为一名长者，惠更斯没能用充足的理由说服和驳倒牛顿，而且也认为这样争论下去没有多大意思，便主动退出了争论。他说：

"既然他这样关切地维护他的意见，我就不去争论了。"

然而，反对者并非只有惠更斯一个人，法国的笛卡尔和惠更斯学派也开始对牛顿的颜色理论进行批评和反驳。巴黎大学的教授帕尔第斯首先跳出来，在《哲学汇刊》上对牛顿的七色光谱提出了质疑。他宣称：

"无数保持各自折射性质和颜色的光线混在一起产生白色是相当离奇的事情！"

不知道是出于直觉，而是出于什么，这位大学教授竟然想当然地认为混合了的颜色产生的是深暗色而不是白色。与其同时，其他一些科学家也吹毛求疵地提出了一些反对意见，其中有些意见甚至是非常愚蠢的。

（三）

如果说牛顿与胡克、惠更斯等人的论战尚且可以用"科学对话"来概括的话，那些肆意提出的愚蠢观点使牛顿变得烦躁起来。这位缺乏安全感和自信心的科学家感觉自己受到了伤害，渐渐失去了争论的耐心。

后来，牛顿曾在一封信中赌气地写道：

"我知道我已经把自己变成了哲学的奴隶……除去我为了自己私人的兴趣或留待身后发表的东西，我将坚决地永远告别哲学。因为我看出，一个人必须或下决心不再作出什么新东西，或者变成一个奴隶去保护它。"

在无休止的争论中，牛顿渐渐产生了厌倦和心灰意冷的情绪。随后，他在给奥登伯格的信中说道：

"我打算不再关心哲学事务，所以希望您在我不再做这种事时不要埋怨我。或者我宁愿您不再寄给我与我有关的反驳或其他哲学信件。"

为了早日从无休止的争论中解脱出来，牛顿甚至在1673年初向奥登伯格表示，他希望退出皇家学会，而且不再和任何人进行学术交流。他在信中说：

"皇家学会一再催促我缴纳会费，然而，您知道，我一向在经济上十分困难。再说，我住的地方距离伦敦太远了，根本无法经常参加学会的会议。"

事实上，牛顿的这种说法只是临时找的托词，当时他的经济状况已经有了很大的改善，根本不至于交不起每年两便士的会费，他只不过想通过不交会费的办法来达到退会的目的，牛顿给皇家学会会员柯林斯的信便是一个证据。他在信中写道：

"也许人们并不是对我不友善，但是，我希望在其他事情上我不会受到这样粗鲁的对待。为了避免意外发生，我不愿更多地谈论过去的事情，希望你不要对此感到惊讶。"

奥尔登堡明白无误地理解了牛顿这封信背后的信息，立即给"这个怒气冲冲的数学家"回了一封信，告诉他：

"我已经向学会提出申请，免除你的会费。你可以不必交费，同时也不必退出皇家学会。"

胡克等人也意识到，牛顿的退出将是皇家学会的损失，便主动向牛顿妥协了。胡克在一封信中向牛顿表示，自己误解了牛顿的理论，因而向他表示歉意。与此同时，他也心平气和地说：

"由于这场争论的存在，我所作的某些解释是不明智的。"

接到胡克这封示好的信件之后，牛顿受宠若惊，立即以和解的口气结束了争论。他在回信中说：

"……笛卡尔完成的是一个良好的阶梯，你在若干方面增益甚多，特别是把薄片的颜色引入哲学思考。如果我看得更远一些，那是因为我站在巨人的肩上。"

牛顿总算平息了怒气，恢复了理智，很不好意思地撤回了辞呈。这场关于光学理论的争论渐渐平息了。但从此之后，牛顿变得越发谨慎了。他的巨著《光学》一直推迟到1704年，即胡克去世后一年才出版，其目的就是为了避免无休止的争论。由于太过谨慎，他的许多著作写成之后都迟迟不肯发表，以致延误了最新科学研究成果的面世。

牛顿是他那个时代最伟大的科学家，但他一生都极其小心谨慎、谦虚好学。他曾说："我不知道世人怎样看我，但是在我自己看来，我不过是一个在海边玩耍的孩子，不时为拾到比通常更光滑的石子或更美丽的贝壳而沾沾自喜，却全然没有发现展现在我面前的浩瀚的真理海洋。"

第十一章　放弃神职

人一旦确立了自己的目标，就不应该再动摇为之奋斗的决心。

——牛顿

（一）

作为卢斯卡数学教授，牛顿每年大约有100英镑的收入，再加上担任主修课研究员的薪资，牛顿每年的工资收入大约有200英镑。在17世纪中期，200英镑是一笔不小的财富，已经算得上富裕阶层了。

但到了1675年初，牛顿遇到了一个不小的麻烦。巴罗教授在辞去卢卡斯讲座教授之后，便以牧师的身份去了伦敦。然而，这位牧师在神学方面的才华显然没有在学术及学术管理方面那么出色。没过多久，他又回到了三一学院，并被任命为院长。

牛顿高兴极了！巴罗主动让贤一事一直让牛顿心里惴惴不安，总感到有些歉疚。要知道，巴罗辞去卢斯卡数学教授那年也只有39岁，风华正茂的年龄。现在好了，巴罗回来当院长了。

但到了1675年，牛顿突然感到了压力。在巴罗当院长之前，三一学院的管理极为混乱，学校的各种规章制度形同虚设，根本没有人按学校的规定办事。巴罗回到三一学院之后，便决定在适当的时机整顿风气，严格按照规章制度来管理学院。

1675年，巴罗院长公开表示了他整顿学院风气的坚强意志。这一下，牛顿首先慌了神。按照三一学院的规定，主修课研究员的任期通常是7年。在这段时间里，研究员必须全面、细致地学习宗教科目，以便将来能够获得神职，成为一名教士。

从表面上看，这是一个非常合理的规定，但根本没有多少人去认真执行，许多主修课研究员都不愿离开岗位，任期也远远不止7年。因为教士的收入极低，甚至连主修课研究员薪资的一半都不到。

牛顿是个慷慨大方的人，对金钱也没有什么具体的概念，不过，少年时代的遭遇让牛顿意识到，金钱是生活中非常重要的东西。从1667年担任主修课研究员以来，牛顿的7年任期已满，而且还没有取得神职。如果他按照规定辞去研究员职务的话，他每年将损失100英镑的薪资。这对牛顿来说将是一个沉重的打击，因为科学实验不但耗费精力，也需要资金的支持。

巴罗很清楚牛顿的处境，也很同情他。但身为院长，他不能不将牛顿与其他主修课研究员一视同仁地对待。一连好几个晚上，巴罗院长都在学院教堂旁边的小路上徘徊，时不时地望一望牛顿那烛光摇曳的窗口。

怎么办呢？牛顿确实是一个才华横溢的小伙子，又对科学研究如此痴心。如果因为收入减少而中断了科学实验，不管对牛顿，还是对英国科学事业的发展，都将是一个巨大的损失。

从私人感情方面来说，巴罗院长也不愿意将牛顿从主修课研究员的位子上拉下来。从某种意义上来说，正是巴罗院长发现了牛顿的天才，并将他推向了公众的视野。但身为院长，他又不能不按规定办事。

牛顿似乎还没有意识到自己面临的危机，仍然整日整夜地看书、做实验、做笔记。当他到院长办公室去见巴罗院长时，两只眼睛又红又肿，似乎好久没有睡觉了。巴罗院长用温和地语气对他说：

"艾萨克，你知道，按照规定，主修课研究员的任期只有7年。任期满了之后，即使主修课研究员已就任著名的教授席位，也得接受神职！"

牛顿一愣，哀怨地看着巴罗院长，半晌才回答说：

"巴罗先生，您知道，我和我的家人都是虔诚的教徒，但我不喜欢被宗教生活束缚住，就如同我在哲学上需要自由一样！"

巴罗院长耸了耸肩，声音低沉地说：

"非常遗憾，艾萨克，这是学院的规定，我也没有办法。"

牛顿低下了头，似乎略有所思。过了一会儿，他一声不吭地转过身，默默走出了院长的办公室。

几天后，牛顿去见巴罗院长，开门见山地说：

"巴罗博士，我想好了。我想我不能接受神职。"

巴罗院长显得很平静，这本来就在他的预料之中。巴罗没有说话，静静地看着牛顿，示意他继续说下去。牛顿接着说：

"别人也许应该走这条路，但我要更好地侍奉上帝，我要用自然哲学的研究来论证上帝的存在。"

牛顿说得很诚恳，没有丝毫矫揉造作的痕迹。巴罗几乎要被这个年轻人的激情感动了，他的眼睛里噙着泪花，动情地说：

"那么艾萨克，我们就谈到这儿吧！我想我们总会有办法的。"

（二）

一天晚上，牛顿正在实验室里认真地做实验，巴罗院长突然派人来请他。这是相当不正常的事情，因为巴罗院长很少会在牛顿做实验的时候打扰他。

牛顿知道巴罗院长一定有重要的事情要跟自己商量，立即赶往院长办公室。一见到牛顿，巴罗院长就兴奋地对他说：

"艾萨克，有办法了！我想我应该给国王陛下写一封信。他是一个热爱科学、爱惜人才的明君，我想他一定会法外施恩，给你颁布一条特赦令的。"

牛顿简直不敢相信自己的耳朵，这是一个多么令人高兴的消息啊！他激动地看着巴罗院长，喃喃地说：

"这真是太好了，太好了！"

巴罗院长笑了笑，继续说：

"我想，你应该亲自去一趟伦敦。现在，皇家学会正在召开例会，你应该到会议上去露露脸，让国王陛下见识一下你的风采。"

牛顿愣了愣，略一沉思，便高兴地回答道：

"好，我听您的。"

几天之后，牛顿出现在了皇家学会的例会上，巴罗院长的信也被送到了国王查理二世的手上。非常幸运的是，牛顿在例会上见到了许多著名的科学家，如波义耳、胡克、惠更斯等人。不善与人交往的牛顿并没有表现出太多的惊喜，再说，他现在最关心的事情是国王查理二世是否会批准巴罗院长的申请，给他颁布特赦令。

但除了耐心等待之外，牛顿什么也干不了。牛顿连续在伦敦住了5个星期，他还从来没在伦敦住过这么长时间。伦敦的繁华和热闹丝毫引不起他的兴趣，皇家学会每星期三举行的例会也让他感到心烦。

在焦急的等待之中，长期困扰牛顿的失眠症越来越严重了，他头上的白发也慢慢多了起来。对年仅30来岁的牛顿来说，这是不正常的；但对一个长期在实验室里操劳的科学家来说，"早生华发"又是再正常不过的了！

时间一天天过去了，牛顿终于等来了好消息。3月2日，宫廷里传来消息说，国王查理二世已经给他签发了一道敕令：

"允许艾萨克·牛顿就任卢卡斯数学教授时，可以不受神职而保留三一学院主修课研究员的职位。"

牛顿高兴极了！他长长出了一口气，如释重负。随后，他满怀感激之情向国王查理二世谢了恩。这天晚上，他美美地睡了一觉。

第二天一早，牛顿就匆匆地收拾行囊，乘坐马车返回剑桥去了。牛顿把这个令人兴奋的消息告诉巴罗院长。巴罗院长一把将瘦弱的牛顿搂在怀中，喃喃地说：

"我们总算做到了，我们总算做到了！"

在当时的英国，如果一个人想要在大学里出人头地，就必须按照常规，接受神职，这也是主修课研究员不准结婚的主要原因。得到了国王查理二世的特许，意味着牛顿可以抛开研究员不准结婚的陈腐规定，和自己心爱的女子结婚了。但命运往往会在人生的关键时刻搞一些恶作剧，牛顿唯一心爱的女子——斯托瑞此时早已嫁人了。对牛顿来说，这是他人生道路上的一个沉重打击。从此之后，牛顿便决定终身不娶，以便潜心于科学研究。

（三）

保住了三一学院主修课研究员的职务之后，牛顿的性格越加孤僻了。他几乎每天都待在屋子里，静静地思考或是做实验。偶尔出门活动一下，他也总是蓬头垢面，独自行动。三一学院的同事们早已习惯了牛顿奇怪的举动，尽量不去打扰他。就这样，牛顿独自完善着他的光学、数学和力学理论。

与此同时，牛顿还在进行着一项极为隐秘的活动——炼金。炼金术和中国的炼丹术一样，都是在科学技术不发达的时代产生的一种带有神秘色彩的活动。炼金术士认为，金属都是活的有机体，可以逐渐发展成为十全十美的黄金，而且可以用人工的方法促进其发展的过程。炼金术便是在这种背景下诞生的。

在炼金术的发展过程中，炼金术士们创造了各种秘密的记号、符号和术语，用于记录他们的炼金过程。由于黄金这一贵金属的诱惑和炼金术本身的神秘性，这些记号、符号或术语就如同密码一般，拥有许多体系，因人而异。炼金术士们用非常神秘的，甚至怪异的语言描述他们在炼金过程中所观察到的物质，并且对它们加以分类。这实际上就是早期化学的雏形。

牛顿时代是科学昌明之前的梦寐时代，也是炼金术的全盛时期。包括牛顿在内的许多科学家，都对"点石成金"的炼金术深信不疑。著名科学家波义耳就相信，人们可以通过人工促进的办法将普遍存在的铜、铁等金属转化为十全十美的黄金。不过，由于江湖骗子的活动，大多数人对炼金术都没有什么好感，认为那不过是骗子骗钱的勾当。

波义耳也是一个将化学从炼金术中解脱出来的一个关键人物，他抨击了古代哲学家们提出的"四元素"和"三元素"学说。"四元素"学说指出，宇宙万物皆是由"水""火""土""气"四种元素组成的。这种发端于古希腊时代的学说曾长期在科学界占据统治地位，影响了人类科学的发展。

"三元素"学说的提出要比"四元素"学说晚得多，影响也小得多。16世纪，瑞士职业医生帕拉塞斯在长期的炼金活动中得出结论：万物皆是由盐、硫和水银三种物质以不同的比例构成的。他认为，水银是挥发的液体元素，盐是不挥发、不易燃烧的元素，硫是易燃烧的元素。物质中某一元素成分的多寡决定了该物质的性质。

十分明显，不管是"四元素"学说，还是"三元素"学说，都是错误的，但这两种错误的学说曾在科学昌明之前影响了人类数千年。

波义耳不但抨击了这两种错误的学说，还奠定了现代化学的基础。他认为：化学不是那些炼金术士和医生应该做的事，而是自然哲学的研究对象；化学所真正寻求的也不是制造贵金属和有用药物的实用技巧，而是应该从那些技艺中寻找一般的普遍原理。尽管他本身也从事了很多炼金活动，但他的工作极大地刺激了化学作为一门独立学科的发展。

和当时的许多科学家一样，牛顿的恩师巴罗院长也是一位炼金术士。当时，剑桥大学三一学院有一个秘密存在的炼金术团体，巴罗院长和另外一位哲学家是这个秘密团体的中心人物。他们积极怂恿英国的出版商搜集和出版有关炼金术的典籍，以便逐渐形成一种新的炼金术理论。

牛顿便是在巴罗院长的怂恿下开始接触炼金术的。有一天，巴罗院长神秘兮兮地来到牛顿的宿舍，低声对他说：

"嘿，艾萨克，你知道炼金术吗？"

牛顿回答说：

"是的，先生，不过我并不十分了解它。我知道波义耳先生写了《怀疑的化学》和《形式和质料的起源》。"

《怀疑的化学》和《形式和质料的起源》是波义耳的两本有关化学的著作，不过，其中掺杂了大量有关炼金术的神秘内容。牛顿曾认真阅读过这两本书。

听到牛顿的回答，巴罗院长微笑着点了点头，慢条斯理地说：

"艾萨克，你是一个非常聪明、非常有前途的年轻人！不过，你现在还不够全面，所以我认为你应该花精力去研究一下炼金术。"

牛顿大吃一惊，反问道：

"什么？让我研究炼金术！可是，我觉得炼金术似乎对我帮助并不大。"

巴罗笑着说：

"年轻人，我的艾萨克，你错了。炼金术是一门很有用的学问，炼金术士也不都是江湖骗子，那只是些贪图钱财的可耻的家伙，没准你能从中解决许多别的方法不好解决的自然哲学问题呢！或许，你真的可以将普通金属转化为贵金属呢！"

牛顿思索了一会儿，喃喃道：

"真的这么神奇呀！那我就试试吧。"

（四）

在巴罗的引荐下，牛顿加入了三一学院的秘密炼金术团体——玄术会。对像牛顿这样的伟大科学家来说，加入玄术会这样带有宗教神秘色彩的组织确实是一件令人匪夷所思的事情。但如果把这件事放在当时特殊的社会背景之下，并结合牛顿独特的性格来看，就不难解释了。

一方面，炼金术在17世纪几乎在英国掀起了全民狂热；另一方面，在物理和数学上对自然的探索似乎根本不能满足牛顿研究科学的需求。因此，他才参加了炼金术士的行列，希望能在科学上达到更高的高度。

牛顿买了一批化学药品，其中包括硝酸、水银的升华物、二氧化汞、锑、酒精、硝石以及其他许多东西。然后，他又在巴罗院长的帮助下，获准在花园角落里的两层木楼里建设一个小实验室。小木楼的位置比较隐蔽，而且已经有些年月了。平时那里很少有人来往，只有园丁会偶尔出现在门前。

接着，牛顿又花了15个先令买了一些建造熔炉的设备。可能是为了省钱，也可能是为了保密，牛顿没有找专门的泥瓦匠为他建造熔炉，他打算自己动手。这位精于计算的科学家先在笔记本上画了草图，并修改了多次。他经常喃喃自语道：

"我能行，我一定能行。"

一天晚上，牛顿趁着夜色弄了一些石灰，又找了许多烂砖头，开始建造炼金实验室了。虽然牛顿在伍尔兹索普的故乡曾亲手建过房子，又画了草图，但真正建起熔炉来依然十分吃力。他砌着砌着，感觉和草图相差太大，便将其推倒，重新开始，然后又推倒，又重新开始……如是反复好几次，他终于勉强建起了一座简易的熔炉。

炼金实验室建好了，牛顿便开始了看起来荒唐，但实际意义十分重大的化学实验。由于牛顿的化学知识并不多，他不得不一边阅读炼金术著作，一边进行实验。从亚里士多德到帕拉塞斯，从波义耳到巴罗，牛顿都进行了认真的研究。

做实验是一件极其辛苦的事情，但牛顿不怕辛苦。晚上的时候，他很少睡觉，甚至连打个盹的时候也不常见。这位精力旺盛的科学家经常整宿整宿地待在实验室里，目不转睛地盯着烧得通红的熔炉。

受到波义耳等人的影响，牛顿逐渐从炼金术与原子论的结合之中形成了自己的化学思想。从严格意义上说，牛顿并不是一个单纯的化学家。他研究炼金术只有两个目的，一个是从中得到十全十美的黄金；另一个便是为物理问题或其他问题提供支撑。

在将近30年的炼金生涯中，牛顿始终没能实现第一个目的，也不可能实现。从某种意义上说，他的第二个目的实现了。比如，他通过炼金术了解了一些合金的性质，这对他寻找适合磨制透镜的合金材料具有很大的帮助。

因此，牛顿认为化学是整个自然科学的基础。通过化学，科学家们可以对重力、光学等物理问题进行因果关系的研究。在他的传世之作《自然哲学的数学原理》和《光学》之中，对物质结构的详尽描述也能从侧面反映出牛顿对化学的研究。

牛顿是原子说的忠实拥护者，他在光学上偏向于微粒说便是一个明证。但在光和颜色理论上同胡克和惠更斯等人发生争论之后，不大自信的牛顿明显地开始向以太学说妥协。而这种妥协倾向带来的结果就使得牛顿在一定程度上偏离了原来所持的原子论观点。他的这种倾向在其化学实验，或者说炼金活动的结论中有比较明显的表现。

1675年12月7日，牛顿在给皇家学会秘书奥登伯格的信中写道：

> 或许自然的整个结构只会是按一种发酵原理凝聚的以太，只会是某种以太精或蒸汽像沉淀所形成的那样凝聚成各种结构，很像蒸汽凝聚成水或呵气凝聚成较粗大的物质那样，尽管这样并不容易。凝聚之后形成不同的形状，起初由创世主直接经手，以后则一直由自然力造成。那是因指令而增加和增殖的，使其变成按原性质进行复制的完善的仿造者。于是，或许一切事物都起源于以太。

由于向以太说的妥协，牛顿的思想发生了一些变化。他认为，各种物体经过一定的变化会转变成气体，无机物和生物也是如此。他又认为，金属和矿物起源于气体，并最终转化为最稳定的大气。

不过，随着对力学研究的不断深入以及万有引力定律的最终发现等原因，牛顿又放弃了以太说的物质观，重新回到原子说的立场上。这说明，牛顿并不是一个固执己见的人，而是一个相信事实和实验结果的真正的科学家。

第十二章 与科学家哈雷会面

聪明人之所以不会成功，是由于他们缺乏坚韧的毅力。

——牛顿

（一）

1679年春，牛顿的母亲汉娜突然发起高烧，生命垂危。尽管牛顿与母亲之间的感情十分淡薄，但他依然在得到消息后第一时间赶回故乡伍尔兹索普，日夜守候在母亲的身旁。不久之后，汉娜便因病重不治去世了。牛顿和几个弟弟妹妹将母亲安葬在家族的墓地，紧挨着老艾萨克·牛顿的坟墓。

返回剑桥之后，牛顿的情绪十分低落，面容也更加憔悴。就在这时，皇家学会新任秘书胡克给牛顿寄来了一封私人信件。原来在1678年，皇家学会原任秘书奥登伯格因病去世，胡克继任了皇家学会秘书一职。

对牛顿来说，这可不是一个好消息。胡克是牛顿在科学研究方面对手，他在光学问题上对牛顿的指责至今让牛顿记忆犹新。所以，当牛顿接到他的来信时，甚至都不想打开它。不过，牛顿毕竟是受过良好教育的科学家，他并没有感情用事，而是礼节性地打开了胡克的来信。

令牛顿惊讶的是，胡克的这封信措辞十分温和。他小心翼翼地询问牛顿近期的科学发现，并告诉牛顿，法国科学家莫桑蒂斯提出了有关行星运动的新构想。胡克还告诉牛顿，他有一个直觉：支撑行星运动的力与行星和太阳的距离成反比。最后，这位科学家请牛顿将搁置多年的动力学问题继续研究下去。

早在1666年，牛顿就在动力学、天体力学和一般的万有引力理论方面迈出了坚实的步伐。从伍尔兹索普的故乡避难归来之后，牛顿将主要的精力都放在了数学、光学和炼金术方面，对力学的研究则稍有松懈，但并没有完全放弃。

很显然，胡克的这封信是一个和解的信号。牛顿似乎还在生胡克的气，在回信中冷淡地说：

> 当前我对自己还不能对你的期待提供答复深表歉意，因为近半年来我一直在林肯郡为琐事所困扰……至今还没有时间置身于哲学方面的学术问题。
>
> 在这之前的许多年里，我都竭尽全力使自己不至于沉迷于哲学理论，这使我对近来涌现的一批伦敦和国外的哲学家一无所知。我对这个领域知之甚少，正如商人们所说的隔行如隔山，就像山野村夫对学问一窍不通一样。

不过，牛顿依然在回信中告诉了胡克一些简单的想法，如地球周日运动的想象。牛顿指出，空中一个物体向地心下落时，必然会沿着一条螺旋线形轨道运行。显然这与开普勒的椭圆形轨道是相矛盾的。

严谨的胡克立即抓住了牛顿的这一错误想法，于12月9日给牛顿的回信中指出：

"按照我的圆周运动理论，在无阻力的情况下，物体不会按螺旋线运动，而是按照椭圆轨道运行的。"

胡克的批评促使牛顿承认了他的错误，同时也启示他对引力问题作更加深入的研究。牛顿回信同意了胡克的意见，承认如果假定它的重力是一致的，物体将不以螺旋线下落到同一中心，但他同时认为"物体不会描绘了椭球面"。

此后，胡克与牛顿两人不断通信，就这一问题进行了深入的探讨。这在客观上促进了现代天文学的发展，也促使牛顿最后下定决心深入研究他十几年前没能解决的一些引力问题。

（二）

1680年11月，彗星悄然而至，而且一待就是几个星期。在冬季寒冷的夜晚，牛顿多次穿着快要掉底的拖鞋在校园里仰望这颗神秘的天体。他的竞争对手胡克也在伦敦对彗星的出现进行了细致的观察。

按照中世纪的说法，彗星的出现是上帝对世人的警告，也是避免人类走向堕落的警示。这种愚昧的说法在17世纪依然有许多信众。但无论如何，人们已经开始关注它们的特别之处：每个发光的彗星的造访都以直线的路径划过夜空，随即悄然而逝，再无踪影。

当牛顿和胡克在英国观察彗星之时，正在法国游历的年轻天文学家埃德蒙·哈雷（1656—1742）也注意到了彗星所呈现出的绚烂光辉。哈雷毕业于牛津大学王后学院，在天文学方面颇有建树。1678年，年仅22岁的哈雷就获得了牛津大学的硕士学位，并被选为皇家学会会员。

作为皇家学会最年轻的会员之一，哈雷的主要工作是协助首任皇家天文学家约翰·弗兰斯蒂德（1646—1719）筹建格林尼治皇家天文台。弗兰斯蒂德曾经是一名牧师，后来自学成才，被英王查理二世任命为首任皇家天文学家。他十分勤奋，几乎每个夜晚都是天文台度过的。非常遗憾的是，他竟然错过了11月在英国的天空中出现的彗星，而是从其他科学家那里得知彗星出现的消息的。

不过，弗兰斯蒂德并不感到遗憾，他认为彗星的行为应该像其他星体一样，必定有其运行规律。根据对天体几何学的研究，弗兰斯蒂德绘制了地球围绕太阳运动时天体变化的透视图。据此，他推测出在11月份出现的那颗彗星还会回来的。

他的判断是正确的。果然在12月10日这天夜里，弗兰斯蒂德又观测到了一条彗尾，两天后他又在靠近水星的位置上观察到了彗尾和慧首。

弗兰斯蒂德认真记录下自己的观测结果，并将其寄给在剑桥大学任职的朋友詹姆斯·克伦普顿，请他将观测记录转交给牛顿。

牛顿认真地研究了弗兰斯蒂德寄来的观测记录，但为了避免不必要的争论，他保持了沉默。因为，他此时尚未就彗星的运行规律形成成熟的理论。

1681年初，弗兰斯蒂德开始尝试直接与牛顿联络。他在给牛顿的信中说：

"表面上看，彗星最外层应该是由水构成的……我们很难明确地发现并充分指出彗星除了有一小束干草般的彗尾之外还有其他的什么组成部分。"

与此同时，弗兰斯蒂德还坚信，曾经出现的两颗彗星其实是同一颗。他努力对他所记录下来的彗星的特殊运动进行解释。他说，假设借助于某种形式的磁力，太阳能够吸引行星和其他天体进入自己的漩涡，那么彗星则可以沿着直线靠近太阳。之后，这条轨道将会因为以太漩涡的压力而弯曲，呈现为曲线。不过，彗星的回归又怎么解释呢？弗兰斯蒂德提出了一对相互作用的斥力的假设：太阳具有两极的磁场，一端具有吸引力，而另一端则具有排斥力。

这一次，牛顿再也无法回避弗兰斯蒂德问题了。即使是仅仅出于礼貌，他也应该给弗兰斯蒂德回一封信。牛顿不同意弗兰斯蒂德的观点，他认为，"太阳是一个极度火热的天体，而磁性物体在高温条件下会丧失磁性"；而两颗被发现的彗星也不大可能是同一颗，因为它们的运行看上去毫无规律可循。不过，他认同了弗兰斯蒂德理论中最重要的一点：

"我能够容易地理解到，在太阳的中心确实存在着能够保持行星运动在它们轨道之中而不是沿着切线方向离开的吸引力。"

弗兰斯蒂德的这一思想与牛顿在1666年前后的设想十分相似。由此，牛顿对这一现象进行了深入的研究，逐步完善了这一理论。

（三）

在弗兰斯蒂德向牛顿请教彗星运动规律的同时，皇家学会秘书胡克再一次给牛顿寄来了一封信。他委婉地提到了从前两人之间的产生的误会，并坦言：

"我不认为思想上产生了分歧，就一定会使彼此间产生敌意。"

胡克再次希望与牛顿和解，并恳请他帮助自己完成有关行星运动规律的研究。当时，胡克认为，行星的运动应该简单地理解为由一条切线和一种向着天体中心运动的引力组成的。换句话说，一条直线加之一组持续的偏转运动构成了星体的运动轨道。胡克曾经提到，人们应该把世界看成一个系统的统一体。

尽管胡克的理论体系缺少数学理论的支持，但他的设想与牛顿在

1666年得出但并未透露的关于重力和轨道的理论不谋而合。

但耐人寻味的是，牛顿竟然公开表示对胡克的观点毫不知情，他在回信中说：

"也许当我告诉你，接到你最后那封信之前，我对此一无所知，你会更愿意相信我吧！"

很显然，牛顿在故意回避胡克的问题。不过，他依然做了一个实验，观测高处下落的物体，以证实地球的自转。当时，大部分人都相信，地球向东转动时，从高处下落的球会微微偏向西面，因为它在地球自转的过程中被抛到了后面。然而，牛顿却指出，球应该落在东边。他指出，在起始的高度，这个球要比落到地面上的物体以稍大些的速度向东偏转，因此它会超过垂直线朝向东边投射出去。

为了证明这一理论，牛顿在一个无风的日子进行了一次颇有意思的实验。他将一枚手枪子弹系在丝线上，而后从高处抛落，观察子弹落地的位置。

随后，牛顿制作了一张图表来解释他所提出的观点。在图解中，牛顿指出，想象中的那个球体应该沿着一个螺旋式的路线下落到地球的中心。

牛顿还在信中嘱咐胡克，要对他的想法保密。但胡克不但对牛顿的思想提出了异议，而且还违反了诺言，将牛顿信中的内容提交给皇家学会。这一次，牛顿的观点再一次在皇家学会内部掀起轩然大波，所有听到这封信内容的人都对此观点提出了反对意见。

胡克在给牛顿的信中说：

"如果像你所提出的那样，一个曲线逐渐下落……做螺旋状运动……我的循环运动理论则认为结果与此不同，并且这个运动不应该呈螺旋状运动，而应该做类似椭圆的运转。"

胡克企图再次激怒牛顿，掀起科学界的大辩论，但牛顿已经吸取了上次争论的教训，适时地保持了沉默。但他以科学实验向胡克发起了挑战，胡克也开始积极地用实验来验证自己的观点。

在随后的几年里，两人不时交换意见，企图能尽快解释清楚这个深奥的问题。从两人的通信中可以看出，这两位科学家都相信天体吸引力是问题的关键，这种吸引力将太阳、月亮和行星联系起来。他们还都提到了重力，并且认为，正是重力的作用使物体落到地面上的。

但是，重力是从哪里来的呢？

胡克认为，这个力是由于地球中心与物体之间的距离产生的。他甚至试图利用铜丝和砝码在圣保罗教堂的尖塔上和威斯敏斯特教堂测量这个距离。

与此同时，弗兰斯蒂德的助手哈雷则在圣海伦娜以南的762米的高峰上进行了钟摆实验，得出的结论是：钟摆的运动在这里变得缓慢。

渐渐地，两个人都抛弃了笛卡尔提出的漩涡理论，越来越接近真理。他们相信，天体自身存在的力具有保持物体静止或沿袭运动的趋势。他们围绕这样的一对问题展开了遐想，从一个引申到另一个。最终，胡克对牛顿说：

"我的假设是吸引力与两个物体之间的距离存在着两倍的比率关系。也就是说，反过来是距离的平方。"

胡克已经很准确地构造出了这个伟大的学术问题，但由于缺乏数学背景的支撑，他十分希望能够得到牛顿的回复。令人诧异的是，尽管此时牛顿关于第二定律的理论已经基本成熟了，但他却依然保持沉默。

（四）

1684年，年轻的天文学家哈雷到剑桥游学，借机向牛顿请教天体运行规律的问题。这位年轻的天文学家十分聪明，他曾经与当时著名的建筑师克里斯托夫·韦恩讨论过行星的运动问题，并独自得出了平方反比定律与开普勒的周期规律之间存在着一定的联系。韦恩声称，尽管哈雷不能确切地运用数学理论进行论证，但他确实在胡克对平方反比定律进行猜测之前得出了类似的结论。

然而，胡克则坚称，他可以展示所有天体遵循平方反比定律运动的理论根据。而他之所以对其细节守口如瓶，就是为了给其他人尝试的机会。事实上，缺乏数学背景的胡克根本不可能证明这一论断。哈雷对胡克所说的半信半疑，只好向牛顿求教。因为在当时的英国，牛顿是唯一能与胡克相抗衡的科学家。

8月份，哈雷直截了当地问牛顿：

"假设一个遵循平方反比定律的吸引力向着太阳，那么行星将做什么样的曲线运动呢？"

牛顿也十分干脆地回答说：

"椭圆。"

哈雷问：

"如何证明？"

牛顿在一堆稿纸中找了半天，耸耸肩说：

"对此，我爱莫能助。我之前已经用数学方法证明了这个问题，但现在稿纸找不到了。不过，我会重新演算一次，并将结果和过程一起寄给你。"

哈雷兴奋极了，立即向面前的长者致敬。牛顿没让哈雷失望，几个月之后，他将计算结果和过程寄给了哈雷。这份以数学形式写成的研究成果就是《论运动》。牛顿完成了发现引力平方反比定律的关键性步骤。文中首次定义了向心力，得出向心力定律，并以数学方法合理地论证了引力平方反比定律。

牛顿成功了，他再次在研究万有引力问题上将其他科学家远远抛在了后面。不久，牛顿写出了《论物体在均匀介质中的运动》一文。在文中，他探讨了作用力与质量的关系，得出了加速力等于质量乘加速度的规律。此后，牛顿就进入了发现万有引力定律的过程。

哈雷得到牛顿的这份论文手稿本之后，立即马不停蹄地赶回剑桥。而在伦敦，这份论文的手抄本早已被传得沸沸扬扬了，学术界对此充满了期待。弗兰斯蒂德曾埋怨道：

"我想我只有在我的普通朋友胡克先生和其他同事们都大饱眼福之后才有机会看到这篇论文了。"

哈雷回到剑桥之后，立即去见牛顿，请求他再增加一些篇幅，并公开发表。牛顿答应了，但他没能完成这一宏伟的工程，因为他患上了严重的感冒，继而又高烧不止。据后世的研究，牛顿的这场病很可能是由炼金活动引起的。水银是炼金术士经常使用的原料，而这种物质极易挥发，而且对人体危害相当大，可以破坏人的肾脏和免疫系统，严重者还可以引起精神恍惚等精神症状。

那段日子，牛顿很少走出卧室。炼金的熔炉冷却了，神学的文案也被束之高阁了……当他尝试着走出房间时，人们发现，他看上去像一个迷路的人，步履蹒跚，漫无目的地时常转弯，有时会突然停下来，有时又会毫无征兆地回到房间。但无论如何，他成功地论证了引力反比平方定律，构筑了宇宙的框架，开创了学科理念的新纪元。

有一次牛顿写信给他的朋友洛克，毫不留情地批评了他的著作。在收到洛克的极为不满的信后，牛顿复信说："我记得我给你写过信，但不记得信里对你的书说了些什么。请你把信抄给我，我将尽可能加以解释。"他抱歉地解释说："当时，我由于经常坐在炉火旁，所以不能控制自己的肝火。"

第十三章　完成科学巨著《原理》

一个人如果控制不了自己的脾气，脾气将控制你。

——牛顿

（一）

1684年4月底，牛顿的巨著《自然哲学的数学原理》第一卷手稿完成了。当时，杰出的天文学家哈雷已经接替胡克，成为皇家学会的新任秘书。牛顿让他的抄写员将《自然哲学的数学原理》抄了一份副本，送到哈雷的手中。哈雷拿到书稿的副本，兴奋不已，通宵达旦地读了起来。

几天后，哈雷在皇家学会的会议上郑重宣布：

"这是对哥白尼猜想的数学论证，仅仅靠假设朝向太阳的重力随着天体间相互距离的平方而减小解释了宇宙间所有的运动现象。"

《自然哲学的数学原理》一书在科学界引起了轰动，哈雷甚至建议没能读到副本的会员自备纸张，用木刻版印刷此书。牛顿也因此获得了巨大的荣耀。然而，罗伯特·胡克却在这时站了出来，对牛顿的引力平方反比定律的发现颇有微词。他抱怨说：

"艾萨克至少应该在书中提到我，把我已发现的东西归之于我。"

此时，牛顿正在写作《自然哲学的数学原理》第二卷和第三卷，其中第二卷已经基本完工了。作为皇家学会的秘书，哈雷出资并主持学会的全部出版工作。为了平息胡克的怨气，他在5月22日给牛顿的信中写道："胡克先生似乎希望您应该在序言中把他提一下。这是可能的，您可以找个理由把他放在前面。"

哈雷的意思很明白，他想让牛顿在序言中顺便提一下胡克的贡献，这场小风波就可以过去了。然而，牛顿拒绝了哈雷的要求。

胡克想要争夺荣誉一事激怒了牛顿，也扰乱了他的思绪。牛顿不得不暂停写作，开始查阅过去的手稿。实际上，他在第二卷中非常客观地提到了胡克，并将其称为"最杰出的胡克"。然而，哈雷的信促使他删掉了所有提及胡克的文字。

牛顿在给哈雷的回信中痛骂胡克是一个不折不扣的伪君子和强盗，并愤愤不平地说：

这样的举动对我而言非常奇怪，而且是我不应该承受的，事实胜于雄辩……他只不过是因为自己的无能而为自己开脱罢了。他平庸的言辞已经证明他对这个问题无所适从。难道此时他不应当得到惩罚吗？数学家应该专心致志、孜孜不倦地进行着看似枯燥的演算和艰苦卓绝的工作，而不是虚伪地攫取并非自己创造出的劳动成果。

牛顿的措辞越来越强硬，对胡克的不满也越来越强烈。他接着写道：

他以为我应该感激他告诉了我他的理论，但我自认为没有遵从他的错误，而是对此做了修改，他也无非是教给我一个尽人皆知的道理，我比他更准确地提出了这些观点。

试想一下，一个人自以为了解并且很喜欢显示他的正确性，同时对别人指手画脚，当你繁忙时来打扰你而不求得你的原谅，他还会责骂你，通过他的错误来干扰你，并以此来吹嘘是他传授给你他所持有的言论，强迫你认同这些东西，还说自己是受伤的羔羊。如果你不按照他的意愿做，就是不公正的表现。我相信你一定会认为他是一个怪异的、不善交际的人吧！

在随后的争论中，牛顿甚至威胁说，他打算放弃《自然哲学的数学原理》第三卷的撰写工作，以此表示抗议。他说：

> 我曾计划整本书由三卷组成，我现在计划把第三卷删掉。哲学就像是一个举止粗俗、喋喋不休的妇人，而男人不得不借助法律来解决她所带来的麻烦。我很早就发现了这个问题，现在我迫不及待地接近这个女人，但她却毫不客气地给我警告。没有第三卷，头两卷用《自然哲学的数学原理》这个书名是不太适宜的，所以我把它改为《论自由体的运动》。但是，进一步考虑后，我保留了前一个书名，它将有助于销售，那是我不应该减少的。因为这是您的事！

哈雷深知牛顿即将删掉的这一卷在自然科学中的价值和意义，他极力劝阻牛顿不要因为感情用事而使这部巨著遭到肢解。皇家学会也对此表示了深深的忧虑和担心。哈雷立即给牛顿写了一封信长信，恳求道：

> 我衷心感到遗憾！为了这件事，所有的人本应认识到他们受惠于您。嫉妒您的幸福，试图扰乱您的平静的享受的并不是她（指哲学），而是您的竞争者。当您考虑到这一点时，我希望它将会使您改变以前决定删掉您的第三卷的想法。我曾经把这件事向皇家学会的绅士们透露，他们对此很忧虑……

（二）

在哈雷的努力下，牛顿最终保留了《自然哲学的数学原理》第三卷。不过，他与胡克的争论却没有就此罢休。对牛顿不愿在序言中提及他的贡献，胡克十分恼火。他多次在皇家学会会议上直言不讳地指责牛顿剽窃了他的研究成果和设想，并声称自己并不是像别人所说的那样，是一个对自然知识什么也没有干的人。他说：

"尽管我没做别的事，我还是认为对天体运动原因的发现，既不是牛顿先生也不是别的某个人有权去窃取的……"

客观地说，胡克确实曾经指出牛顿的某些错误观点，如物体沿螺旋线落向地心。而且，牛顿对自然科学的研究也不可能不受同时代科学家的认识和研究成果的影响。但胡克公开指责牛顿剽窃，这是极其草率和不负责任的表现。牛顿的功绩恰恰在于他以特有的科学慧眼，运用他自己发明的数学工具和数学方法证明了引力反比平方定律。而胡克的数学能力着实令人不敢恭维，他不具备微积分的概念和知识，证明引力平方反比定律对他来说可能性太小了。更何况，胡克曾许诺把答案告诉哈雷和克里斯托夫·韦恩，但他们始终没有从胡克那里得到任何数学论证和其他证据。

胡克不公正的指责激怒了牛顿，甚至让他丧失理智。牛顿在回击中不但否认了本应属于胡克的成就，而且还以讽刺和谩骂来发泄心中的不满。他说：

"胡克一事无成，却指责别人的计算和观察是无耻的剽窃！他标榜自己无所不通，夸口说他连那些还要靠别人的'无耻行径'才能确定的东西也了如指掌。我们与其原谅他庸庸碌碌，倒不如原谅他的无能，因为他的话清楚地表明，他不知道怎样才能取得成功！这不是太有趣了吗？能发现和解释一切并能胜任全部工作的数学家，难道只应该满足于当一个乏味的计算员和誊写员吗？而另一个只知吹牛撒谎和野心勃勃的人，难道就应该得到全部发明和受到众人的簇拥欢呼吗？"

由于得到了哈雷的支持以及在科学界日益升高的威望，牛顿很快就在这场争论中掌握了主动权。胡克恼羞成怒，拒不参加皇家学会的一切会议。

牛顿的这一做法是令人十分惋惜的，因为这不是一个伟大的科学家所应有的胸襟。20世纪最伟大的科学家之一爱因斯坦就曾感慨道：

"这不是一个伟大的科学家所应有的心胸，牛顿是不应该如此自私的！唉，那是虚荣！"

有意思的是，牛顿并不是在任何时候和任何地点都如此虚荣的，他曾谦虚地说：

"如果说我比别人看得更远些，那是因为我站在巨人的肩上！"

既然如此，牛顿为什么在这个问题上与胡克纠缠不清呢？这很有可能与17世纪70年代的光学问题大争论有关。当时，由于胡克和惠更斯等人在皇家学会的威望，牛顿最终呈现出向以太学说妥协的倾向，但他并没有原谅胡克。由于不幸的童年，牛顿在社交方面十分幼稚，不知道该如何与别人打交道，更害怕受到伤害。但这种纷乱的、无休止的争论恰恰使他感到自己受了伤害，他再也无法容忍别人对他的指手画脚了。正因为如此，牛顿似乎一直在寻找机会报复胡克。

现在，牛顿再也不是10年前的牛顿了，他终于有能力向胡克发起反击了。他的这种做法大有"君子报仇十年不晚"的意味，但他如此不公正地对待胡克，也确实有失一代宗师的风范。

（三）

1687年7月，在哈雷的努力下，《自然哲学的数学原理》一书终于在《鱼类的历史》一书名下出版了。按照规定，皇家学会要公开出版学术著作必须获得咨询委员们的批准。哈雷十分推崇牛顿的才华，想早点将此书付梓印刷。经过一番激烈的讨论之后，咨询委员们同意出版该书，但出版的费用必须由哈雷自己支付。他们为哈雷提供了《鱼类的历史》这本书剩余的副本，并以此支付哈雷的薪水。

虽然困难重重，但作为牛顿的一名忠实信徒，哈雷承受了所有的负担。他不但整理了那些损毁或丢失的稿件，处理那些复杂而深奥的木刻技术，清查勘误表，还不忘去取悦迎合作者，以丰富这部科学史上里程碑式的巨著。

在炎热的夏季，哈雷用一辆四轮马车把60册《自然哲学的数学原理》从伦敦运到了剑桥。他请求牛顿将其中的20本发给大学的同行，剩下的40册拿给当地的图书经销商，每册定价5~6先令。书的开篇是一段由哈雷写的颂歌。此后，哈雷又在自然科学会报上发表了一篇匿名评论，颂扬牛顿的功绩。

经过一系列的宣传之后，牛顿定义了他在书中阐述的概念，并发表了他对运动定律的理解，其中最著名的便是牛顿运动三大定律。

牛顿运动三定律是牛顿理论体系的支柱，也是经典力学体系的核心。今天，它们已经成为人们普遍讨论的基本物理原理。

牛顿在定义运动第一定律时指出：

"每个物体可以继续保持其静止或匀速直线运动的状态，除非有外力加于其上，迫使它改变这种状态。"

第一定律与惯性定律没有什么根本不同，它用简洁明了的语言阐述了惯性原理。在今天，它几乎理所当然地成为力学的基础。意大利著名的科学家伽利略在发现惯性定律方面做出了突出的贡献，这无疑为牛顿的工作开辟了一条方便之路，但牛顿在研究这一问题时也花费了将近20年的时间。

要在现实生活中感受牛顿第一运动定律并不是什么困难的事情。人们都有这样的感受：当汽车在平稳地行驶过程中突然刹车时，坐在车上的乘客会自然而然地向前倾倒。这就是因为惯性的存在。

在定义运动第二定律时，牛顿写道：

"一个物体运动的改变和作用在物体上的外力成正比例，并且发生在所加力的那个直线方向上。"

运动第二定律实际上是应发现万有引力定律的需要才发现的。在牛顿之前,几乎没有哪一位科学家坐下来认真研究和提出过与第二定律相类似的理论,就连伽利略这位伟大的力学先驱也没有给后世留下什么可资借鉴的方法。

在这方面,牛顿的贡献是空前绝后的。他在第二运动定律中所提供的数学关系使得计算地球表面任何一点上的引力成为可能,今天的科学家们在计算和规定人造卫星轨道时还能用上它。

牛顿运动第三定律则指出:

"每一个作用力总有一个相等的反作用力。或者说,两物体彼此的相互作用永远相等,并且各自指向对方。"

有了运动第三定律,牛顿就完成了对力的概念的完整阐述,由此也保证了牛顿力学的普遍适用性。

应当指出的是,牛顿运动三定律并不完全是牛顿一个人独立发现的,伽利略、惠更斯等著名的科学家都为牛顿发现运动三定律奠定了基础。不过,只有牛顿能够站在巨人的肩上,高瞻远瞩地看待这些独立的理论,并用数学论证将之结合在单一而庞大的系统里。

系统地阐述了牛顿三大定律的《自然哲学的数学原理》一书也成为科学史上的一座里程碑。后来,一位专门研究牛顿的历史学家曾评价该书说:

"没有一部著作在创新或思维力量方面可以和《自然哲学的数学原理》相媲美,在取得的伟大成就方面也是如此;没有一部著作使自然科学的结构发生如此重大变化,这种情况只有在这样的场合下才能发生——实验和观察……"

这本用拉丁文写成的书出版之后,陆续被译成了英、法、德、意、俄、日、瑞典、罗马尼亚、荷兰和汉语等多种文字,在各国广泛流传,成为近现代自然科学史上最伟大的著作之一。

　　牛顿一生笔耕不辍，去世后留下的手稿多达2000多万字。1872年，凯瑟琳的后代将这些珍贵的手稿捐给了剑桥大学。校方对浩如烟海的手稿进行了分类，共分为15个部分，其中包括数学、光学、力学、炼金术和神学等等。这项艰巨而有意义的工作掀起了一股研究牛顿的科学活动与思想的热潮。

第十四章 成为英国国会议员

　　企图以迫切的祷告祈求上帝的祝福，来取代自己所该付出的努力，是一种不诚实的行为，是出于人性的懦弱。

——牛顿

（一）

　　1687年对牛顿的一生来说是一个转折点，他不但在科学界成为叱咤风云的人物，也开始在英国政坛崭露头角。

　　1685年，英国国王查理二世病逝，但他并没有合法子女可以继承王位。于是，他的弟弟詹姆斯继位为王，称詹姆斯二世（1685—1688年在位）。

　　詹姆斯二世虔诚地信奉天主教，是英国历史上最后一位天主教国王。登基之后，他不顾一切地想把英国纳入罗马天主教会的势力范围，扫荡政治和宗教改革的一切成果。然而，大多数英国人已经厌倦了纷争和动荡，不愿再走回头路。人们纷纷团结起来，激烈地反对詹姆斯二世的各种反动措施。

　　牛顿也在不知不觉之中卷进了这场政治斗争。当时，包括剑桥大学和牛津大学在内的诸多高校都坚决排斥天主教。为了扭转这种局面，詹姆斯二世决定先拿大学开刀，继而在全国范围内清除国教教

121

徒。一时间，国教徒和天主教徒都陷入一片恐慌之中，因为刚刚平静没多久的英国很可能再次陷入动乱和内战之中。

然而，詹姆斯二世却不管这么多。他颁布了一条法令，强迫大学设置一个管理职位，由国王指定一名天主教徒担任。当时，英国的大学具有高度自治权，即使是国王的命令也需要经过校方的同意才能在校内实施。耐人寻味的是，一向追求教授治校的牛津大学却在詹姆斯二世的淫威下屈服了。

詹姆斯二世洋洋得意，满心以为恢复天主教在英国的统治地位已经是指日可待的事情了。1687年2月，詹姆斯二世开始用对付牛津大学的办法对付英国另外一所著名的高校——剑桥大学。他颁布一道敕令，要求学校越过考试和宣誓，授予一个天主教神父奥尔本·弗兰西斯文学硕士学位。

文学硕士的地位很高，拥有这一头衔的教师在大学评议会上具有表决权，可以否定校方的任何提案。这是詹姆斯二世对剑桥大学一次试探。如果剑桥大学方面作出让步，那么，他将会源源不断地在剑桥大学安插天主教信徒。

剑桥大学的副校长约翰·潘切尔博士识破了国王的诡计，十分礼貌地回绝了他的要求。他在给国王的回信中写道：

"除非弗兰西斯宣誓忠诚于大学而不是别的机构，否则我们无权授予他文学硕士的学位。这是剑桥大学的惯例，任何人都无法违背！"

碰了一鼻子灰的詹姆斯二世勃然大怒，将潘切尔博士的回信往地上一扔，大吼道：

"快来人，去给我通知那该死的潘切尔，让他到高等法院去说吧！"

这一下，剑桥大学沸腾了。人们纷纷联合起来，反对国王强行干涉大学的内部事务。在潘切尔博士的组织下，剑桥大学成立了一个九人委员会，领导校方向宫廷提交请愿书，反对在大学内部进行天主教化的运动。

有意思的是，向来两耳不闻窗外事的牛顿居然是九人委员会中的一员。牛顿经历了英国内战的全部过程，并亲眼目睹了查理二世的复辟，对野蛮和虚伪有着天生的厌恶感，从心底里仇恨暴政和压迫。因此，他在九人委员会中十分活跃，态度也十分坚决。

（二）

九人委员会成立不久后，潘切尔博士便带着牛顿等人来到伦敦的威斯敏斯特皇家高等法院出席大学诉讼案的审理会议。首席法官乔治·杰弗里斯大法官是一个天主教徒，他在詹姆斯二世的授意下，准备用他那套惯用的"愤怒"方式恫吓九人委员会。

一开庭，杰弗里斯就吹胡子瞪眼地说：

"约翰·潘切尔先生，你知道你都做了些什么？我为你的行为感到愤怒和耻辱！难道你忘了你是英王陛下的臣民吗？难道你不是在对抗陛下、对抗法律、对抗整个大英帝国吗？"

潘切尔博士温文尔雅，一身的书卷气，但他绝不是一个胆小如鼠之辈。他腾地站起来，反驳道：

"剑桥大学具有高度自治的传统，即使是国王陛下也无权过问学校的内政。"

杰弗里斯继续恶狠狠地威吓道：

"潘切尔先生，你还要反对到底吗？法律可是至高无上的，是无情的！"

潘切尔没有想到杰弗里斯会避实就虚，与九人委员会死缠烂打，一时竟不知道该如何应对了。

就在这时，众人听到一个低沉地声音说道：

"您说得对极了，大法官先生！法律是至高无上的，是无情的，但按照剑桥大学的惯例，凡是没有宣誓忠于大学的人，大学只能授予他们名誉学位。"

说这话的人就是平素里沉默寡言的牛顿。他头发蓬乱，面色苍白，一点儿也不像能战胜杰弗里斯的雄辩家。但正是因为如此，杰弗里斯并没有将牛顿放在眼里。杰弗里斯懒洋洋地问：

"名誉学位有什么用处呢？"

牛顿铿锵有力地说：

"名誉学位与普通的学位别无二致，只不过，获得名誉学位的人在大学的评议委员会中是没有发言权和表决权的。既然尊敬的弗兰西斯神父不愿宣誓效忠大学，那我们只好发给他一个名誉学位了。"

杰弗里斯没想到看上去不起眼的牛顿会说出这样一段思路清晰的话，一时竟然张口结舌，不知该说什么了。牛顿则趁机略带讽刺地说道：

"我相信大法官先生会按法律办事的，因为法律是至高无上的，是无情的。"

牛顿的话激怒了杰弗里斯。他涨红着脸，强忍着怒气喝道：

"这里没你们的事了，都给我出去吧！你们大多是耶稣教的教士，我要用《圣经》的经文送你们回家去。去吧，不要再犯罪，否则最坏的事会降临到你们头上！"

牛顿轻蔑地看了一眼杰弗里斯，耸了耸肩。

剑桥大学的代表们都忍不住"哈哈"大笑起来，然而潘切尔却笑不起来。他知道，这件事情还没有完全结束，一定会有更糟糕的情况出现。

果然没过多久，潘切尔博士便因组织九人委员会与国王对抗而被免职了。

但无论如何，九人委员会粉碎了詹姆斯二世的阴谋，保住了剑桥大学的尊严。就这件事情，牛顿曾经在笔记上写道：

"根据上帝和人类的戒律，所有高贵的人都有责任听从国王的符合法律的命令。但如果国王陛下执意提出一项不合法的要求，那就没有一个人会因拒不执行而感到苦恼！"

连牛顿这样足不出户的科学家都已深受民主思想的影响了，倒行逆施的詹姆斯二世自然无法安安稳稳地坐在国王的位子上。1688年，英国爆发了光荣革命，詹姆斯二世的女婿，荷兰执政威廉·冯·奥拉宁应资产阶级之邀，率领舰队在英国登陆，用武力赶跑了詹姆斯二世，继位为新的英国国王，称威廉三世（1688—1702年在位，与其妻英国女王玛丽二世共同执政）。最终，英国建立起了君主立宪制的政体，逐步走向民主。

光荣革命的胜利让牛顿获得了登上政坛的机会。由于在"奥尔本"事件中的突出表现，牛顿于1689年的大选中在剑桥选区获得了122张选票，位列第二，顺利进入了刚刚成立的众议院。

怀着对新政权的无限希望，牛顿接受了议员的职务。但牛顿根本对政治丝毫不感兴趣，依然沉浸在科学研究之中。虽然在议会中颇受敬重，但牛顿从未提交过任何议案，甚至没有发过言。据说，牛顿在众议院说的唯一一句话是：

"风太大了，请把窗户关上！"

（三）

由于要经常参加下议院的会议，牛顿在伦敦租了一个房间。或许受了伦敦灯红酒绿生活的影响，牛顿的生活方式也渐渐发生了变化。他不再蓬头垢面，也不再整天待在实验室里了。他穿上剑桥大学红色的学袍，白发梳得整整齐齐，垂到肩膀上，让伦敦最受欢迎的肖像画家为自己画像……

　　《自然哲学的数学原理》已经成为最受欢迎的科普书籍，当时谈论科学是一件非常时髦的事情。伦敦街头的咖啡馆里和社交晚会上，牛顿的《自然哲学的数学原理》自然而然地成为热门话题。

　　作为《自然哲学的数学原理》一书的作者，牛顿也成了伦敦社交界最受欢迎的人。有一次，牛顿在参加皇家学会的晚会时遇到了正在伦敦度假的惠更斯、皇家学会的新任主席佩皮斯和英国政治活动家兼哲学家约翰·洛克（1632—1704）。

　　惠更斯是牛顿在学术上的老对手，但他在现实中却对牛顿非常友善。他读了牛顿的书，并且非常有气度地向别人推荐这本书。惠更斯的瑞士好友数学家法蒂奥·丢勒便是在这个时候由一个笛卡尔信徒转变为牛顿的追随者的。法蒂奥·丢勒比牛顿年轻20岁，性格鲁莽，十分崇拜牛顿，也深得牛顿的喜爱。与牛顿一样，法蒂奥也痴迷于炼金术。

　　牛顿与他的年轻崇拜者经常在一起讨论这个神秘的话题。两人之间的友谊发展得很迅速，当法蒂奥在伦敦逗留期间，牛顿甚至邀请他住在自己的家中。

　　有一次，法蒂奥得了重感冒，牛顿得知这一消息后非常着急，立即给他写了一封信，要他搬到三一学院的校园，就住在自己的隔壁。他甚至在信的结尾诚恳地说：

　　"我唯恐你的经济窘迫，已经为你准备一笔款子。"

　　不过，正是由于牛顿对法蒂奥过于热情，当时流传这样一种说法：牛顿和这个英俊的年轻人有同性恋倾向。当时，同性恋行为在英国不但是违法的，而且还会受到严惩。实际上，一些反同性恋和反对牛顿的人士已经盯上了牛顿和法蒂奥。

　　这种闲言碎语无疑给牛顿的社会形象带来了恶劣的负面影响。当时，牛顿已成为英国的科学英雄和学术偶像，甚至有人提名他为皇家学会主席。或许是为了维护自己的形象和学术声誉，也或许是与法蒂奥之间产生了裂隙，牛顿突然在1893年停止了与法蒂奥之间的联系。这两种可能性都存在：一，牛顿与法蒂奥中断联系之后，马上就再次被剑桥选区选为议员；二，法蒂奥确实在公开场合谈论过炼金术的事情。

可能是法蒂奥的行为犯了牛顿的大忌，因为牛顿将炼金术视为隐秘之事，从来不会在公共场合讨论它。更何况，牛顿的脾气本来就十分古怪，想要与他长期和平相处似乎并不是一件容易的事情。

无论如何，这件事情给年过50岁的牛顿带来了不小的打击。牛顿在给佩皮斯的一封信中写道：

"这12个月中，我一直吃不好睡不好，头脑也不像过去那么清晰了。"

牛顿的信让皮尔斯深感不安，他为这位朋友的健康感到担忧。这时，洛克又收到了牛顿的信。他在信上说：

"我已经两周没有睡一个小时的觉了，整整5个晚上连眼睛也没有眨一下……"

这是一个危险的信号，说明牛顿已经被神经衰弱之类的精神问题折磨得痛苦不堪了。洛克非常担忧，他害怕这位伟大的科学家要撑不下去了。

（四）

1693年的秋季，牛顿在与神经衰弱作斗争的同时，依然在继续着他的研究工作。在这个特殊的年份，牛顿在炼金术方面投入的精力似乎比以往任何时候都要多。在许多方面，人们都可以看到牛顿参与炼金术活动的蛛丝马迹。从牛顿的纯科学著作中，有时也可以听到炼金术的弦外之音。此外，从牛顿的大量的文章、通信中都可以轻而易举地看到炼金术的影子。

与普通炼金术士不同的是，牛顿是一名名副其实的科学家。他要解释自然科学的本质，而不是用一种神秘去解释另一种神秘。牛顿一直致力于把自然科学应用到实际和自然哲学当中，而不是像炼金术士的名言"以更不知之物解释不知之物"那样，以带有宗教性的神秘色彩来看待炼金术。

不过，牛顿也继承了一些古代炼金术士的传统，如将炼金活动视为隐秘的活动，用一套特殊的符号来记载整个过程。直到牛顿去世200多年后，牛顿的炼金术文稿才在索斯比拍卖中流传出来。文稿多达65万字，大部分都从未公布发表过，鲜为人知。

在文稿中，牛顿把一种铁、铜、锑的混合物称为"栎树"，把锡和铋的合金叫做"狄安娜"，把氢氧化钠称为"绿色的狮子"……还有许许多多怪异的名称很难解释，至今也还没搞明白是什么意思。大概除了牛顿那颗智慧的脑袋之外，没有人能够想得出来。

牛顿把这些神秘的符号串成句子，读起来简直就像是一篇神话故事。文稿中有一段记录是这样写的：

> 如果在维纳斯的拍卖中心肢解绿色的长翅膀的狮子，那么蒸馏部分是绿狮的灵魂，绿狮的血是维纳斯，巴比伦的龙是汞，龙用它的毒杀死了一切。但是，狄安娜的鸽子用镇静剂战胜了龙，带三叉戟的海神把哲学带进了真理探求者的花园。这样，海神是一种稀薄的矿物溶剂……

这些东西恐怕只有牛顿自己才能理解。像牛顿这样一位理性的科学家，为什么会采用这种神秘的记录方式呢？或许牛顿觉得，破译和解释那些神秘的语言是对一个人的智力最好的检验，只有智者才能看破其中的奥妙。如果他把这一点或那一点解释清楚了，他会兴奋地为自己鼓掌喝彩！

牛顿的炼金活动在1693年迎来了一个转折。一天早晨，晨光渐渐洒入牛顿的实验室，他仍然低着头在烛光中写着什么。过了好一会儿，他才放下手中的鹅毛笔，抬头向窗外望去。他看到了三一学院教堂尖尖的钟楼，它在晨光的照耀下闪闪发光，甚是好看。

牛顿突然想起，当天是星期天，他应该到教堂做礼拜了。他可是一个不折不扣的基督徒，无论实验多么艰苦，他都没有放弃过祷告和做礼拜。

牛顿站起身，揉揉惺忪的眼睛，伸展一下疲惫的腰身，走出了实验室。精神恍惚的牛顿没有发现，他忘记熄灭桌子上的蜡烛了，那铺了一桌子的稿纸也没有收起来。牛顿在教堂里安静地祈祷着，实验室里的蜡烛也一点一点燃烧着。牛顿默默地祈祷着：

"全知全能的上帝啊，恳请你减轻我的痛苦和孤独……"

突然，教堂外面的小路上骚动起来。很多学生一边跑，一边高声喊道：

"着火啦，着火啦……"

牛顿听到人们的喊声，心头猛然一惊：

"完了，完了，我忘记熄灭实验室里的蜡烛了。"

牛顿做完祷告，"噌"地站起来向门外跑去。冒着熊熊大火的房子不正是自己的实验室吗？牛顿惊呆了，愣在那儿一动也不动。人们往返穿梭着，一桶一桶地提水，希望能扑灭熊熊燃烧的烈焰。但一切都太晚了，大火过后，原来的那座两层木楼只剩下一片焦土烂瓦。

牛顿几乎流出眼泪，他心疼的不是房子，而是放在房子里的手稿。他的光学手稿和化学手稿以及部分论文都已化为灰烬。

此后，牛顿再也没有写过化学手稿和论文，只是重写了有关光学的内容。人们永远无法猜测，那场大火到底埋葬了多少智慧的火花和深邃的思想，这成为一个无法弥补的损失，也成为牛顿留给后人的一个回味无穷的谜。

第十五章　皇家造币厂督办

我并无特别过人的智慧，有的只是坚持不懈的思索而已。

——牛顿

（一）

1693年是牛顿人生的一个低谷，人们通常将这一年称为"牛顿的黑暗年"。幸运的是，顽强的牛顿送走了1693年，迎来了1694年。

由于当时医学尚不发达，人们根本无从知晓牛顿的精神问题是如何产生的。直到20世纪70年代，科学家们检测了牛顿的一撮头发，结果显示其中存有高浓度的铅和水银。

事情终于真相大白了，由于长期痴迷于炼金术，牛顿身体的铅中毒和水银中毒症状已经达到了相当严重的程度。他在1693年的种种怪异举动和精神问题很可能与此有关。

1693年的那场大火不但烧毁了牛顿的大量手稿，似乎也终结了牛顿过去那种埋头科研的艰辛生活。50岁时，他决定告别乏味的科学生活，寻求另一种生活的方式。鉴于牛顿日益恶化的健康状况，皮尔斯和哈雷等人也都建议他在实验上稍稍放松一些，过得惬意一点。

有一天，哈雷又来到剑桥拜访牛顿。他直截了当地说：

"尊敬的艾萨克，我想给您提个建议，不知道您愿不愿听？"

牛顿对这位忠心耿耿的追随者一向很热情。他立即停下手头的工作，认真地说：

"哦，什么建议？不妨说说看！"

哈雷仔细端详着牛顿的面部，发现他的脸色更加苍白了。哈雷沉默了半晌，叹着气道：

"我觉得您应该暂时停止您的科学工作……"

哈雷的这句话如此突然，以至于牛顿一下子没反应过来，站在那里喃喃自语地重复了一遍：

"暂停科学工作……"

哈雷坚定地说：

"是的，先生。难道您没有发现，您已经比以前瘦多了，脸色也更加苍白了吗？您确实太累了，确实应该好好休息一下了。您看，《自然哲学的数学原理》都已经出版了，这本书足以让您和您的理论名垂青史。"

牛顿长长地叹了口气，回答说：

"唉，是呀！我确实累坏了，我也正这么考虑。可是除了研究自然哲学之外，我还能干些什么呢？"

几十年来，牛顿一直在剑桥大学过着安宁的生活。虽然他的科学成就为他带来了许多荣誉和很高的知名度，但却没能够给他带来财富。前些年，他还得从并不宽裕的薪资中拿出一部分接济他的几个弟弟和妹妹。在伦敦生活一段时间之后，牛顿似乎也被上层社会那种奢华的生活方式所感染。现在，他越来越考虑个人的地位和经济问题了。

哈雷的建议更激起了他的强烈兴趣。为了寻找合适的职业，牛顿给皮尔斯、约翰·洛克和查尔斯·蒙塔古等人写信，把自己的想法告诉他们。皮尔斯、约翰·洛克和查尔斯·蒙塔古都是伦敦颇有名望之人，在他们的带动下，许多人都为牛顿的工作奔忙起来。

有一天，一位朋友兴冲冲地来到牛顿的家，满脸喜悦地说：

"牛顿先生，您瞧，我给您带来了好消息！"

"什么好消息值得你大惊小怪的？"牛顿问道。

那人回答说：

"我为您找了一个职位，挺不错的！"

牛顿兴奋极了，激动得简直说不出话来。

那人见状，马上说道：

"我为您找到的职位是伦敦查特蒙斯公立学校的校长，他们已经向我许诺了。"

牛顿听了，轻叹了一声，没说话。很明显，牛顿对这个校长位置丝毫不感兴趣。他可是在英国科学界和政界都大名鼎鼎的艾萨克·牛顿，一个小小的公立学校校长与他崇高的声望根本就不匹配！

（二）

要想找到一个与牛顿身份相匹配的职位并不是一件容易的事情。约翰·洛克和皮尔斯等人都竭尽全力地帮助牛顿，但结果总是事与愿违。牛顿沮丧透了，心情也坏到了极点，整天闷闷不乐。有时，他还会莫名其妙地对身边的人大发脾气。

就在这时，事情突然有了转机。1694年，牛顿的忘年交查尔斯·蒙塔古继任哈利法克斯伯爵，并被任命为财政大臣。财政大臣是英国政坛上仅次于首相的职务，权力相当大。于是，他轻而易举地在政府中为牛顿谋到了一个职位——皇家造币厂督办。

从此，牛顿的生活发生了翻天覆地的变化。不幸的是，这一转变虽然具有非常深远的影响，但却不是什么好的影响。

3月19日，查尔斯·蒙塔古的信件被送到牛顿的手上。牛顿拆开信，只见上面写道：

> 我非常高兴，因为我终于能向您证明我的友谊以及国王对您的功绩的赏识。造币厂督办奥弗顿先生被任命为海关监督，国王已应允我的请求，任命您为造币局督办。在我看来，这个职位对您最合适，年俸约为五六百英镑，而事情不多，花销也不大。

牛顿兴奋极了，立即给蒙塔古复信，表示自己愿意接受造币厂督办的职位。天真的牛顿并不知道，摆在他面前是怎样一副烂摊子。当时，由于英国不断在海外开拓殖民地，军费开支激增，从而导致了严重的通货膨胀。一时间，物价飞涨，财政体系紊乱，货币流通也受到了前所未有的挑战。

当时的货币体系与今天有很大的不同，市面上流通的大多是贵金属钱币，而不是纸币。由于铸币技术较差，金属钱币的材质纤薄，极易磨损，而且造假也比较容易；再加上严重的通货膨胀，普通民众对英国货币的信心不足，许多人把贵金属钱币剪去一角再拿去流通。与此同时，大量民众把足量的钱币都保存起来。如此一来，现金周转就受到了严重的干扰。

蒙塔古当选为财政部长之后，立即发挥他的聪明才智与理财技巧，出台了许多政策，如创设发行公债和债券的财政制度、建立英格兰银行、收回全部货币、代之以新币等，但如何铸造新币才能杜绝造假和修剪硬币呢？

蒙塔古是理财专家，但并不是科学家，这一技术上的难题难倒了他。他曾经向牛顿和哈雷咨询过货币重铸问题，但这两位科学家提供的方法过于复杂，无法在皇家造币厂推广。

在奥弗顿调任海关监督后，蒙塔古立刻想到了牛顿。他觉得，以牛顿的能力应付这样的工作简直是绰绰有余。因而，他向国王推荐了牛顿。

国王威廉三世和女王玛丽二世陛下接受了蒙塔古的推荐，遂任命牛顿为皇家造币厂督办。

造币厂督办的职位仅次于总监，是造币厂的二把手。虽然牛顿想找一个与自己的身份相匹配的工作，但他没有想到会得到这样一个美差。

造币厂的生产区设在伦敦塔。当时，伦敦塔是一个相对独立的地区，四周围有护城河，塔内的设施一应俱全，完全可以满足生活和办公的需要。按照需要，造币厂总监和督办可以自由选择是否在塔内居住。

阳春三月，牛顿离开了剑桥大学，离开了他已经厌烦了的校园生活，来到了伦敦。牛顿没有将自己的宿舍安排在伦敦塔内，而是在豪华的威斯敏斯特区的杰明大街租了一套房子，定居下来。如今，牛顿已经是英国政府的官员了，收入也颇为可观，再也不用像过去那样过着清苦的生活了。他还将外甥女凯瑟琳·巴顿接到伦敦，帮她安排一应起居事宜。凯瑟琳是一位出了名的美女，年轻而有活力。

据说，哈利法克斯伯爵曾被她的风采迷得神魂颠倒。多年之后，当哈利法克斯伯爵去世之时，凯瑟琳得到了一笔相当可观的遗产。从此，这位年轻的女性便开始用文字记录牛顿的一生。牛顿去世之后，她还认真整理了牛顿遗留下来的大量手稿。

（三）

俗话说，"新官上任三把火"。牛顿刚一到任，便将全部热情地都投入到币制改革中去了。他那颗伟大的头颅不再研究微积分、万有引力等高深莫测的问题，而是转到了看似容易却千头万绪的铸币问题上。

由于时任造币厂总监托马斯·尼尔认为自己的工作是一份闲差，对工作并不热心，整天出入赌场和酒店，牛顿便成了造币厂事实上的负责人。牛顿建议召回旧币，铸造新币。在财政部的花园后面，牛顿建起了10座大熔炉，用来熔化召回的旧币。铸造熔炉对牛顿来说已经不是什么难事了，他早在多年前就曾自己动手建过一座用来炼金的熔炉，因此，在这项工作上，牛顿表现得非常出色。在他的指挥下，工人们很快就建起了10座坚固的熔炉。

熔炉下燃起了熊熊大火，熔炉里的旧币渐渐熔化……牛顿的脸被大火烤得通红，豆大的汗珠往下掉，但他依然十分兴奋。眼前的情景跟他在实验室里进行的炼金活动多么相似啊！所不同的是，炼金活动是秘密进行的，而且是想把普通的金属炼成黄金；熔化旧币则是公开进行的，所得到的全是名副其实的贵金属。

旧币熔化之后，牛顿便命人将所得的贵金属送往伦敦塔。在那里，崭新的货币将会重新铸造出来。造币厂拥有500名工人，分作两班，每班工作10小时，每周工作6天。为了提高工作效率，牛顿对整个铸币流程进行了细致的研究。他干得很卖力，就像当年进行科学研究一样，几乎达到了废寝忘食的地步。

在牛顿的督导下，工人们加班加点地工作着，新币的产量迅速提升。在牛顿到任后的几个月，新币的产量就提高了8倍，每周可生产5万千克，市场上新币短缺的情况很快就得到了缓解。不过，他们离币制改革所要达到的目的还有一段距离。

在币制改革进行之时，一些不法商贩千方百计地提高金属原料的价格，大发国难财，这让牛顿出类拔萃的运算能力自然而然地成了无价之宝。当时用于铸造货币的材料大多是较为廉价的铜银合金或铜金合金。根据铜、银和金等金属的市场价格以及铸造合金的成本，牛顿计算出每磅（约合0.454千克）合金的价格为7.5便士。但当时皇家造币厂购买金属原料之时，其价格远远超过了7.5便士。

有一次，一个大商人声称要以低价向造币厂供应合金原料。牛顿得到消息后，立即派人将商人请到办公室，直接与其接洽。一见面，牛顿就要求商人报价。

商人恭维牛顿说：

"艾萨克·牛顿先生，您可是全英国最伟大的科学家，在您的面前，我们可不敢耍花样。"

"你直接报价就可以了！"牛顿冷冷地说。

商人狡猾地说：

"牛顿先生，看在您的面子上，我就报一个最低价，每磅12.5便士。"

牛顿瞥了商人一眼，轻描淡写地说：

"12.5便士？这个价格是怎么定的呢？"

商人回答说：

"这可是最低价格了，是根据铜、银、金的价格以及铸造合金的成本核算出来的。"

牛顿"哼"了一声，追问道：

"是吗？那么你能在我面前再演算一遍吗？"

商人知道，在牛顿面前进行数学运算简直就是自讨没趣，他只好继续撒谎道：

"牛顿先生，这个价格确实是根据成本核算出来的。不过，在您这位伟大的数学家面前，我可不敢运用数学。"

牛顿笑了笑，提起笔在稿纸上运算起来。他一边运算，一边对商人说：

"听着，我已经算过价格，每磅定价7.5便士就可以保证你的利润了。如果你再敢哄抬价格，小心我上报给国王陛下，治你的死罪！"

商人一听牛顿这话，脸上红一阵白一阵，过了半晌才低声道：

"再也不敢了，再也不敢了，我的报价就定在7.5便士，请牛顿先生一定要高抬贵手，饶过我这一次吧！"

牛顿看着商人滑稽的表情，不禁微笑道：

"先生，你实在用不着这样！以后只要本本分分地给皇家造币厂供应原料，你肯定会赚大钱的！"

商人见牛顿并没有追究自己的欺瞒之罪，也放了心。从此，他便安安分分地给皇家造币厂供应合金原料。

就这样，牛顿到任几个月之后，不但新币的产量大增，成本也大幅度降了下来。

（四）

牛顿在造币厂的另外一项重要工作，就是打击伪造硬币的不法分子。为了防止造假和修剪硬币，牛顿对新币的边缘进行了规定。但在利益的趋势下，仍有不少人处心积虑地研究新币的特点，照样伪造和修剪硬币。这不但给牛顿的工作带来了极大的麻烦，也严重地影响了英国的金融秩序。法律规定，凡是伪造货币者，一经发现，立即处死。但由于防伪技术落后，伪造货币简单易行，政府根本无力控制此种犯罪行为。

为了降低假币对金融市场的冲击，牛顿在提高产量和降低成本的同时，还加强了对犯罪分子的打击力度。令人难以置信的是，这位一直隐居在三一学院的学者居然摇身一变，成了频繁出入低级酒吧和妓院的侦探。

为了寻找犯罪分子，牛顿在低级酒吧和妓院里安插了许多眼线。每天下午，牛顿都会打扮成商人的模样，到低级酒吧和妓院去和那些眼线接头。一旦发现情况，他便会向他的密探发出命令，逮捕嫌疑人。

牛顿对待犯罪分子是极其冷酷的。据说，他曾在一周之内处决了10名伪造货币者。

有一次，牛顿安插在低级酒吧的眼线向他报告，称他们再次发现了威廉姆·夏隆纳的踪迹。威廉姆·夏隆纳是一名穷凶极恶之人，他不但伪造了大量的货币，还杀过人。但由于此人极其狡猾，官方一直没有找到他的犯罪证据。

聪明的牛顿想到了一个办法，他派一名眼线主动接近威廉姆·夏隆纳，假装与其一起伪造货币。经过一段时间的努力，牛顿终于找到了威廉姆·夏隆纳的犯罪证据，并下令逮捕了他。遗憾的是，由于看守在夜间睡着了，威廉姆·夏隆纳最终又越狱了。

几个月以来，牛顿和他的密探们一直在全力追查威廉姆·夏隆纳的踪迹，但每次在关键时刻都被他逃走了。这一次，牛顿打算不再兴师动众。他命令两名侦探化装成商人，悄悄潜入那家低级酒吧，趁威廉姆·夏隆纳酒酣之际，出其不意地逮捕了他。

当威廉姆·夏隆纳再次被带到牛顿面前之时，牛顿横眉怒目地训斥道：

"小子，这下你完蛋了！看你还往哪跑！"

威廉姆·夏隆纳立即争辩道：

"你无权逮捕我，我根本就没有犯罪！"

牛顿"哼"了一声，大声训斥道：

"如果没有掌握你的犯罪证据，我又怎么会贸然命人逮捕你呢？你就等着法律的制裁吧！"

说完，牛顿向身边的人挥了挥手。两名密探会意，立即到档案室将威廉姆·夏隆纳的犯罪证据拿了出来。面对如山铁证，威廉姆·夏隆纳再也不敢狡辩了。

几天之后，威廉姆·夏隆纳便被处决了。

牛顿在处理这一案件中所表现出的机智和勇敢很快就在伦敦传开了。一些作家还以此为题材创作了侦探小说，国王威廉三世也对牛顿的机智表现赞不绝口。

经过几年的努力，币制改革终于取得了显著的成效。1699年，造币厂总监托马斯·尼尔去世了，牛顿顺理成章地成为皇家造币厂的新任总监。

得到这个肥差之后，牛顿一向窘迫的经济条件才彻底有了改观。光是皇家造币厂总监一职，牛顿每年就可以得到2000英镑的薪资，这在当时可是一笔非常庞大的收入了。当时，英国政府建造格林尼治天文台也不过耗资500英镑，牛顿一年的薪资收入就可以盖4座大楼！此外，按照规定，牛顿还可以对造币厂铸造的每一枚硬币征收铸币税。

作为造币厂总监，牛顿是合格的、出色的，表现出了令人称赞的行政组织能力。如果他从青年时期就开始从政的话，说不定会成为内阁大臣呢！但是这样，人类就会失去一位天才科学家。英国并不缺乏造币厂总监，而牛顿只有一个。

牛顿在造币厂总监的位子上一坐就是26年，与他钻研科学的时间几乎相等。这对人类的科学事业而言或许是一种损失，因为牛顿如果在这26年的时间里继续全心全力研究科学的话，可能会创造出更伟大的成就；但对牛顿个人而言，他有权选择自己的生活方式，无论是进行科研学研究，还是当造币厂总监，一切都应该由他自己安排。

第十六章　女王亲授爵士爵位

　　不管任何环境下，要守住耶稣基督救赎的真理与最大诫命——爱人如己。

——牛顿

（一）

　　《光学》一书的出版给牛顿带来了前所未有的荣誉，但他所担心的"无休止的争论"也再一次发生了。英文版《光学》的最后附有两篇数学论文——《曲线求积法论著》和《三次曲线的数目》。这两篇论文是牛顿在微积分方面的总结性成果之一，合称为《曲线图形的种类和大小论著》。

　　牛顿本来打算将微积分方面的研究成果作为未完成的著作《几何学》的第二卷出版的，但由于牛顿投入到科学研究上的精力越来越少，这一计划只好作罢。这两篇论著和牛顿于17世纪60年代呈送给皇家学会的《对无穷级数的分析》一文共同构成了微积分发展史上的三座里程碑，它们为近代数学以及近代科学的发展开辟了新纪元。

　　牛顿的微积分方法第一次公开与读者见面是在1687年。在他的名著《自然哲学的数学原理》的第一卷第一章，牛顿通过11条原理建立了"首末比方法"。"首末比方法"实际上就是牛顿《曲线求积法论著中》作为流数运算基础而重新提出的方法。

由于《自然哲学的数学原理》一书是用拉丁文出版的，在普通民众间的影响较小；而且，他在该书中并未用纯数学的方法表述流数术，而是以图表方式阐述了这一思想。更为重要的是，书中凡是涉及微积分的基本概念，牛顿都作出几种阐述。这种做法常常被一些人当作小辫子抓住，认为牛顿的思想是自相矛盾的。正是由于这些原因，牛顿的微积分思想在当时才没有引起科学家们太多的关注。

从科学发展的角度来看，牛顿给涉及微积分的基本概念作出多种解释完全是正常的。牛顿所处的时代并不是一个科学高度发达的时代，包括微积分在内的许多学说仍处于发展阶段。在时机尚未成熟之时，牛顿在大胆创造新算法的同时，坚持对微积分基础给予不同解释正说明他深刻地意识到确立微积分基础所存在的困难。因而，他才十分认真、谨慎地对待这一问题，给后来者以更多的思考和启发。

其实，早在牛顿公布微积分方法之前，他便同德国数学家莱布尼茨（1646—1716）交换了意见。当牛顿在《自然哲学的数学原理》公布流数术时，曾加评注道：

大约10年前，在和非常博学的数学家莱布尼茨的通信中，我告诉他，我发现了一种方法，可以用以求极大值和极小值，作出切线及解答其他类似的数学问题。这种方法应用到无理数上和应用到有理数上同样是行之有效的。当我谈到这一点时，假定已知一个任意多的变数方程求流数，并反过来，已知流数求变数。我没有把方法告诉他，这位著名人物回信告诉我，他也想到了类似的方法，并把它告诉了我。他的方法除了定义、符号、公式和产生数的想法在形式上和我的不一样以外，几乎并没有多大的实质性区别。

牛顿的这段评注说得很清楚，莱布尼茨也发明了微积分方法，而且还是独立发明的。莱布尼茨出生在德意志神圣罗马帝国的莱比锡（今德国莱比锡），比牛顿小4岁，但却比牛顿早去世11年。比牛顿幸运的是，他的父母都是大学教授，自幼便受到了良好的教育。

1654年，8岁的莱布尼茨便进入尼古拉学院，学习拉丁文、希腊文、修辞学、算术、逻辑学、音乐，还有圣诗和路德教义等。莱布尼茨比牛顿早慧。当牛顿还在摆弄他的风车之时，莱布尼茨已试图改进由古典学者、经院哲学家和基督教神父们提出的逻辑学了。

1661年，当牛顿成为三一学院的"减费生"时，比他小4岁的莱布尼茨也考入了莱比锡大学法律系。1666年，当牛顿在伍尔兹索普的故乡躲避瘟疫，发明微积分，并初步确立万有引力体系之时，20岁的莱布尼茨也已具备了充分的条件去取得法学博士学位。

如果对二者的人生经历进行仔细对比的话，人们便会惊讶地发现，这两位同时代的巨人似乎在举行竞赛一样，竞相在向世界展示他们的才华。

（二）

天才走向成功的道路从来都不是平坦的。当莱布尼茨向莱比锡大学提交博士论文之时，校方的管理人员出于嫉妒，以他只有20岁为由，拒绝授予他博士学位。

一气之下，莱布尼茨离开莱比锡大学，去了纽伦堡。在那里，他向阿尔特多夫大学分校提交了他的博士论文《论身份》。这篇杰出的论文赢得了阿尔特多夫大学委员会的一致赞誉，校方决定立即授予莱布尼茨法学博士学位，并且聘请他为法学教授。

耐人寻味的是，莱布尼茨拒绝了这一职位。他对阿尔特多夫大学校长说：

"阁下，非常抱歉，做大学教授并不是我的理想。"

校长惋惜地说：

"太可惜了！否则的话，你将成为整个欧洲最年轻的大学教授之一。"

莱布尼茨微笑着回答说：

"尽管我不能成为欧洲最年轻的大学教授之一，或许我能够成为全世界最年轻的外交官之一。"

听了莱布尼茨这句话，校长赞许地点了点头。就这样，莱布尼茨踏上了政坛，努力要做一名好外交官。

当时的德意志罗马帝国正处于四分五裂之中，名义上是一个统一的帝国，但各邦国都拥有独立的外交权，帝国的皇帝也是由各邦国根据1356年颁布的《金玺诏书》从7个选帝侯中选举出来的。所谓选帝侯，就是拥有被选举为罗马人民的国王和帝国皇帝权利的诸侯。在7个选帝侯中，以美因茨选帝侯的权利最大。美因茨选帝侯是选举召集人兼帝国摄政和首相，当无法确定皇帝人选之时，美因茨选帝侯有最终决定权。

1671年冬天，莱布尼茨受美因茨选帝侯之命出使法国，劝说法王路易十四（1638—1715）放弃进攻神圣罗马帝国的计划。结果，莱布尼茨连路易十四的面都没见着，却意外地结识了当时与牛顿齐名的荷兰物理学家克里斯蒂安·惠更斯。

直到结识惠更斯之时，莱布尼茨对当时的数学依然一无所知。但慧眼识英才的惠更斯发现他的身上有一种与生俱来的数学家潜质，便对他进行了专门的指导。从此，莱布尼茨才正式开始他的科研事业。而此时，牛顿已经是蜚声欧洲的大科学家了。

1673年1月，为促进英、荷关系的和解，莱布尼茨作为美因茨选帝侯兼首相的随员前往伦敦进行斡旋。结果，莱布尼茨再次在外交上遭遇失败，但却与英国学术界建立了联系，皇家学会秘书奥登伯格、胡克等人都成为他的好朋友。

奥登伯格和胡克等人发现，眼前的这名并不成功的外交官在数学方面颇有见解，遂推荐他为皇家学会会员。结果，莱布尼茨在当年春季便成为英国皇家学会的会员。如此一来，莱布尼茨与牛顿之间在社会地位上的差距便极大地缩小了。要知道，当年轻的莱布尼茨成为皇家学会会员之时，牛顿也不过刚刚加入该会一年的时间。

返回欧洲大陆之后，莱布尼茨定居巴黎。当时，巴黎是欧洲的科学艺术中心，是各国科学家和艺术家云集之地。受巴黎流行的科学思想的熏陶，莱布尼茨逐渐放弃了当外交官的梦想，转向科学研究。

莱布尼茨的道路与牛顿是完全相反的。牛顿早年专心从事科学研究，成名后开始从事政治事务，但他在政治舞台上并没有取得什么值得称道的成就。莱布尼茨早年从政，但始终也未能实现成为一个杰出的外交官的梦想，而在转向科学研究之后，莱布尼茨与牛顿一样，立即获得了巨大的成功。他的研究范围十分广泛，在每一个领域都颇有成就，甚至有人将他称为"18世纪的亚里士多德""德国百科全书式的天才"。

在莱布尼茨众多的成就之中，最耀眼、影响最大的莫过于他独自创立了微积分的方法，而这也成为他与牛顿之间争论不休的起因。在今天，牛顿和莱布尼茨各自独立地发明了微积分学早已成为定论。但在牛顿所处的那个时代，由于资讯不发达，两人以及他们的忠实拥护者之间在微积分发明的优先权归属问题上展开了旷日持久的论战。

（三）

1699年，当牛顿正在仕途上一帆风顺之时，他的支持者们便开始向莱布尼茨发起了"进攻"。一场关于微积分发明优先归属权的论战正式拉开了帷幕。牛顿的好友法蒂奥·丢勒给皇家学会寄了一本小册子，他在其中竭力证明微积分发明的优先权应归于牛顿。他说：

"事实的证据迫使我相信牛顿已经是这个计算的第一个发明者，并且领先了好几年。至于第二个发明者莱布尼茨是否从另一个发明者那里借用了任何东西，对那些曾经看过牛顿的一些信件和同一手稿的其他抄本的人一事，我宁愿保留自己的看法。"

很明显，法蒂奥是在暗示莱布尼茨发明微积分时借鉴了牛顿的成果。毕竟，牛顿曾与莱布尼茨在信中交流过此事。莱布尼茨得知这一消息后，颇不乐意，立即提笔给皇家学会写了一封信，坚持自己发明微积分的权利。

年轻的法蒂奥立即写好了反驳的文章，并将它寄给莱比锡的《学术学报》，准备公开与莱布尼茨论战。《学术学报》不愿外国科学家与"德国百科全书式的天才"争夺荣誉，拒绝发表此文。就这样，这场争论在17世纪的最后一年揭开了帷幕，但并没有总爆发。

1704年，牛顿的巨著《光学》发表了，并立即在社会上引起轰动。莱比锡的《学术学报》却在此时发表匿名评论，含蓄地指责牛顿在其附录《曲线求积法论著》中用流数偷换了莱布尼茨的微分概念，似有剽窃他人成果之嫌。

有一天，牛津大学天文学家教授凯尔拿着一份《学术学报》气冲冲地来到牛顿的宅邸。凯尔是牛顿的入室弟子，脾气火爆，但对牛顿绝对忠诚。一见到老师，他便嚷嚷道：

"先生，您看吧！我从来没有见过这么无耻的论调！"

牛顿接过凯尔手中的报纸，一边看一边问：

"怎么回事？"

凯尔凑上前去，指着那篇匿名评论，回答说：

"莱比锡人在恶意诋毁您！"

牛顿认真看了起来。看着看着，他的脸色越来越难看。突然，他愤怒地吼道：

"这一定是莱布尼茨本人干的！身为科学界的名人，他怎么能干出如此无耻之事呢？"

凯尔在一旁添油加醋地说：

"是啊！太无耻了！这简直是欧洲科学界最大的耻辱！先生，我们一定要还击，一定要把属于您和全体英国人的荣誉从欧洲大陆上的那帮科学流氓手上夺回来。"

牛顿无法忍受他人对自己名声的诋毁，更无法忍受那篇匿名评论中对他苦思冥想出来的成果加以质疑。牛顿点了点头，同意了凯尔的建议。凯尔立即组织不列颠的科学家们，要大家联合起来维护牛顿这位一代宗师的名誉。

与此同时，一些支持莱布尼茨的科学家也在欧洲大陆上悄然组织起来，准备与英国人公开论战。就这样，一场关于微积分发明的优先归属权的论战演变成了英国科学界与欧洲大陆科学界的对抗。

（四）

1705年，正当有关微积分发明优先归属权的论战迅速升级之时，牛顿迎来了他在仕途上的顶峰：他获得了梦寐以求的最高评价和极高荣誉——贵族头衔。

4月16日，这是一个和风拂面、阳光明媚的日子，剑桥大学的校园里比往常寂静了许多，路面和教室也更加干净整洁了，整个校园透着一种庄重而又喜庆的气氛。

校方已经得到正式的通知：尊贵的安妮女王和她的丈夫乔治亲王将亲临剑桥大学，视察学校在文化建设方面所做的贡献。

这一消息迅速在学生中传开了。为了迎接女王的到来，学生们自发组织起来，将整个校园打扫得一尘不染。对剑桥大学来说，还有什么能比女王陛下的亲临视察更令人激动的呢？这可是一件无上光荣的事情！每一个人都相信，这一天一定会成为剑桥大学历史上富有意义的一天，一定会被写进校史的。

剑桥大学校方也在有条不紊地为迎接女王陛下的驾临而忙碌着。他们向剑桥大学的杰出校友发出邀请，让他们于4月16日这天返回母校，共同见证这一光荣的时刻。作为剑桥大学最杰出的校友，牛顿也理所当然地收到了邀请信。

这一天，牛顿特意理了发，刮了胡子，穿着一身漂亮、干净的礼服早早地赶到剑桥。他已经离开剑桥4年了。在这4年里，他忙于各种事务，几乎断绝了同母校的一切联系。现在，他又来到了这熟悉的校园。不过，此时的牛顿再也不是那个穷苦的、土里土气的"减费生"了，也不是那个衣衫褴褛、不修边幅的数学教授了。现在，他已成为万众瞩目的科学巨星和宫廷里的大红人了。

回想着从前的点点滴滴，牛顿的心中不禁感慨万千。他坚定地认为，无论是当初考入剑桥，还是后来离开剑桥，自己所走的每一步路都是正确的。如果不是考入剑桥，他不会成为名震世界的顶级科学家；如果不是离开剑桥，他不会成为国王陛下面前的红人，不会过上富足的生活。

牛顿一边想着过去的事情，一边低着头在校园里安静地漫步，等待女王陛下的驾临。突然，一群学生围了上来，为首的一个男生指着牛顿惊呼道：

"看，艾萨克·牛顿！他就是艾萨克·牛顿！"

牛顿微笑着向学生们点点头，转身离开，但学生们依然寸步不离地跟在他身后。牛顿无奈，停下脚步对众人说：

"嘿，伙计们，难道你们不认为现在迎接女王陛下才是最重要的事情吗？"

为首的那名男生说道：

"迎接女王陛下固然重要，但想见一见鼎鼎大名的艾萨克·牛顿先生也不是一件容易的事情！平日里，我们哪有机会看到您呢？如今有了机会，您就让我们和您多待一会儿吧！"

牛顿被同学们单纯的愿望感动了，他微笑着点点头道：

"好吧，就让我们一起去迎接女王陛下吧！"

安妮女王终于来了。在卫士的簇拥下，她和乔治亲王乘坐的马车在三一学院大门前缓缓停了下来。女王陛下的马车后面跟随着长长的车队，那上面坐着随女王陛下一起前来视察剑桥大学的大臣们，其中也包括财政大臣蒙塔古。剑桥大学的副校长艾里斯、三一学院的院长本特雷、牛顿和三一学院的师生们齐齐地向女王陛下行礼。女王微笑着向大家挥手致意。

随后，女王陛下在众人的陪伴下来到院长本特雷的办公室。在这里，女王陛下举行了一次特殊的宫廷会议。通常，这样的会议只在王宫里举行，但由于意义非同一般，安妮女王决定破例在三一学院举行此次会议，因为她决定授予三位来自三一学院的显赫人物以爵士封号。

接着，女王陛下郑重地宣布：授予皇家造币厂总监牛顿、剑桥大学副校长艾里斯和财政大臣蒙塔古以爵士爵位。

女王陛下的话刚说完，会场上立刻爆发出一阵热烈的掌声。剑桥大学的副校长和财政大臣得到爵士爵位并不是什么新鲜事，但把贵族爵位封给一位科学家，这在英国历史上还是破天荒的头一遭！

牛顿兴奋极了！他知道，自己能够获得爵士的封号绝不仅仅因为他在皇家造币厂进行的改革运动，他那辉煌的科学成就也起到了不可忽视的作用。

授爵礼仪结束之后，剑桥大学举行了盛大的宴会来庆祝三位新贵族的诞生。牛顿的脸上写满了喜悦，情不自禁地露出往日难得的灿烂笑容。对他来说，一生所要追求的荣誉与地位终于实现了。现在，他已经不仅仅是科学界的艾萨克·牛顿先生了，而是已成为英国皇家学会主席、皇家造币厂总监、议院议员、艾萨克爵士……

顶着众多的头衔，牛顿达到了他人生道路的光辉顶点。

第十七章　关于微积分发明权的争论

无知识的热心，犹如在黑暗中远征。

——牛顿

（一）

在牛顿步上人生巅峰的同时，他与莱布尼茨的论战仍在激烈地进行着。1708年，凯尔终于按捺不住心中的激愤，决定挺身而出维护老师的名誉。当年10月，他就离心力定律问题给哈雷写了一封信。他在信中说：

"我的老师艾萨克·牛顿是流数的第一个发明者，对这一点，我向来坚信不疑。至于莱布尼茨，他不过在名称和符号的样式上对牛顿先生的计算进行了改变而已。"

很显然，凯尔的意思是莱布尼茨剽窃了牛顿的成果。这封信在科学界公开之后，莱布尼茨立即奋起反击。他郑重其事地给时任皇家学会秘书的斯劳恩写了两封信。在第一封信中，他为自己对微积分的发明权进行了辩护；在第二封信中，他坚决要求凯尔对他的诬蔑进行道歉。

恩劳斯在皇家学会上公开宣读了莱布尼茨的来信，但凯尔对莱布尼茨要求他道歉一事完全不屑一顾。他既没有被莱布尼茨的言语打动，也没有被其吓倒。在为牛顿辩护的立场上，他一步也没有后退。他当即宣布，他定要奋力反击，捍卫皇家学会主席牛顿先生的荣耀。

由于牛顿在科学界和政界的双重影响力，凯尔的提议得到了大部分皇家学会会员的口头支持。于是，凯尔也给斯劳恩写了一封信。他在信中说：

"牛顿先生是流数或微分的第一个发明者，他在给奥登伯格的两封信中已经表明了他的流数思想，那两封信后来都转给了莱布尼茨。对一个思想敏锐的人来说，两封信已经足以启发出智慧。莱布尼茨从它可以得出或至少可以推导出他的计算原理。"

斯劳恩在皇家学会的例会上公开宣读了凯尔的这封信。众人听罢，在吃惊之余，均议论纷纷。凯尔的这番话说得已经是颇为明显的了。他直截了当地点了莱布尼茨的大名，丝毫没给这位来自欧洲大陆的学究一点面子。

莱布尼茨立即针锋相对地发起了反击。他在给斯劳恩的信中说：

"凯尔先生最近给您的信比他以前做得更加公开，没有一个思想纯正或通情达理的人会认为它是正确的。我以我的年纪和我的生涯作证进行申辩，就像法庭面前的起诉人那样，反对一个确实有学问的，但以前以浅薄的知识和在主要的有关人员中毫无威信却步步高升的人……这个人判断发现的方法实在是太贫乏了！何况，我的朋友们了解我是怎样沿着完全不同的路线和追求其他目的才进行的……"

莱布尼茨尖锐的话语已经近乎于人身攻击了。他不但质疑凯尔的人品，甚至将其在学术上的建树也一并抹杀。但在提到牛顿本人之时，莱布尼茨依然极为理性地保持了克制。他在信中接着说道：

"我指望您的公正意识能使这场无益的和不公正的喧闹沉静下去。对此，我相信即使牛顿本人也会赞同的。他是一个卓越的人，透彻了解过去的事态……"

然而，莱比锡的《学术学报》却没这么客气。它再次发表评论员文章，直言不讳地指责牛顿剽窃了莱布尼茨的成果。那篇评论员文章甚至毫无理性地说：

"每个人都知道他（指牛顿）的意图是什么！"

（二）

如果说莱布尼茨写给恩劳斯的信对牛顿这位欧洲科学界的泰斗还保有几分敬重的话，莱比锡《学术学报》的谩骂则完全将牛顿当成了一个"学术败类"。

因此，在读了《学术学报》的那篇评论员文章之后，牛顿的心里很不痛快。他决定要利用自己在英国科学界和政界的名望，尽快客观公正地结束这场无谓的争论。

对牛顿来说，他根本不需要亲自披挂上降，他只要向他忠实的追随者，如哈雷、凯尔等人言语一声，一切都会办理得妥妥当当的。1712年，皇家学会成立了一个专门委员会，负责查找历史文献和证据，以裁定微积分发明的优先归属权。

委员会成员包括哈雷、琼斯、泰勒、德莫弗等六人。后来，又有5名皇家学会会员参与其中。

从表面上看，委员会的所有成员都与此次争论无关，像凯尔这样公开支持牛顿的会员根本没有机会对委员会施加影响。但实际上，委员会中掌握实权的6名委员基本上都是牛顿的好朋友。

尽管如此，这一委员会的调查结果相对来说还是客观公正的。1713年，委员会公布了调查报告内容，即著名的《通告》。报告的结论正如牛顿的追随者们所企盼的那样：牛顿是第一发明者，持同一主张的凯尔先生绝不是中伤莱布尼茨先生。"那些将第一发明者的荣誉归于莱布尼茨先生的人，他们对他与柯林斯和奥尔登堡先生之间的通信一无所知"。

《通告》支持了牛顿对微积分这一发明的优先权，同时也承认了莱布尼茨的独立发明权，这一结论是符合历史事实的。所以当莱布尼茨收到这份报告之时，当即满意地点了点头。但不久，著名的数学家约翰·伯努利（1667—1748）却促使莱布尼茨改变了主意。

与凯尔是牛顿的忠实信徒一样，约翰·伯努利是莱布尼茨的铁杆支持者。他和他的哥哥雅各布·伯努利均为法国著名的数学家。幼时，他们的父亲尼古拉·伯努利强行要求他们兄弟学习经商，但兄弟二人在大学期间都对无穷小数产生了浓厚的兴趣，开始秘密研究莱布尼茨的微积分思想。

1691年，约翰·伯努利在《教师学报》上发表了一篇论文，成功地解决了悬链线的问题，一跃成为欧洲最顶尖的数学家之一。随后，他又编写了世界上第一本微积分教科书。

在微积分发明优先归属权的争论中，正如凯尔积极维护牛顿的名誉一样，约翰·伯努利也在积极地支持莱布尼茨。当莱布尼茨收到委员会寄来的《通报》之时，约翰·伯努利立即指出，这份调查报告对莱布尼茨不公，是英国人玩的一个把戏。他甚至起草、散发了一份快报，指责牛顿想独占全部功劳。约翰·伯努利在快报中说：

"牛顿先生在17世纪60年代所发明的只是无穷级数而不是流数法。"

约翰·伯努利的指责激怒了牛顿，也激怒了英国科学界。欧洲大陆和英伦三岛的数学家们立即吵得翻天覆地，不可开交。牛顿本人也在此时走上了前台。牛顿声称，无论如何，委员会的调查结果是经得起考验的。尽管莱布尼茨独立发明了微积分，但他牛顿则无可争辩地对微积分拥有第一发明权。

当神圣罗马帝国的汉诺威选帝侯乔治·路德维格访问英国时，莱布尼茨的一些朋友想充当和事佬进行一番调解，劝说牛顿与莱布尼茨和解。在荣誉面前，牛顿从来不会畏首畏尾，他对那些"和事佬"表现得很冷淡。后来，他在回忆中说：

"他们未能使我屈服！"

（三）

1714年，安妮女王驾崩了。由于安妮女王没有留下后嗣，汉诺威选帝侯乔治·路德维格根据《王位继承法》而成为汉诺威王朝的第一任国王，称乔治一世。

据说，当这位新国王驾临伦敦之时，反对他的连一只老鼠都没有。有意思的是，这位英国人的新国王并不会讲英语，只会说德语、法语和拉丁语，而他的内阁大臣中大部分都不会讲德语、法语和拉丁语。因此，他在位期间很少参加内阁会议，也很少关注政事。幸运的是，牛顿能够熟练地使用拉丁语，因此，他与新国王的接触比较多。

有一次，乔治一世问牛顿：

"艾萨克·牛顿先生，你与莱布尼茨先生之间的争论何时才能了结呢？你知道，我来自神圣罗马帝国，也是英国人的国王，我不便对你们的争论作任何评论，但我希望这场无谓的争论能早点结束。"

牛顿回答说：

"陛下，事情总会了结的那一天的。"

乔治一世微笑着点了点头，用拉丁语说道：

"愿上帝垂怜，让我能看见那一天。"

争论仍在继续，而且有不断升级的迹象。在莱布尼茨生命的最后几年里，他像发了疯一样攻击牛顿，说牛顿剽窃了他的科研成果。被激怒了的牛顿也丧失了理智，完全失去了一代宗师的风范。

1716年2月26日，牛顿给皇家学会写了一封信，用他所能想到的最尖刻的语言对莱布尼茨进行了毫不留情的攻击。他说：

"像他最近用'等于剽窃'的罪责攻击我那样，如果他继续指控我的话，那就是把他置于所有国家的法律之上，证明他的控告犯了诽谤罪。至今，他仍写信给他的通信员，用充满着武断、埋怨和令人反感的语言来攻击我，但未证明任何东西。作为一个名副其实的攻击者，这只能证明他应负的罪责。"

11月14日，样样皆通的大师莱布尼茨告别了人世。生前享有无限荣光的莱布尼茨被安葬在一个无名的墓地，葬礼也凄凉极了，只有挥动铁锹的工人和他自己的秘书听到了泥土落在棺材上的声音。随着莱布尼茨的去世，这场旷日持久的争论终于渐渐落下了帷幕。

莱布尼茨去世之后，法国数学家瓦里克农多方活动，劝说约翰·伯努利与牛顿讲和。恩师的去世对约翰·伯努利的打击很大，他答应了瓦里克农的建议。而此时的牛顿也已经74岁，已过古稀之年的牛顿也感到前所未有的劳累和厌倦；再加上他的兴趣早已不在科学之上，因此也不愿再为此事继续争论下去。

1722年，皇家学会重印了《通报》。年届80岁的牛顿将约翰·伯努利的名字和一些过激言辞全部删掉，以示"停战"的诚意。约翰·伯努利接受了牛顿这一无声的妥协，从此便偃旗息鼓了。

今天看来，牛顿与莱布尼茨的这场争论完全是科学界的一场闹剧。为了争夺荣誉，莱布尼茨与牛顿到最后都差不多丧失了理智。他们本来应该把这多余的精力去做更有价值的探索，然而，他们却被自己、更被别人搞昏了头脑。

应该说，"牛顿是第一发明者，莱布尼茨是第二发明者"这个结论是客观、公正的。他们各自独立完成了这一数学史上的壮举，两者之间的差别仅仅在于牛顿发明微积分要比莱布尼茨早10年，而莱布尼茨公开发表的时间比牛顿早3年。他们虽然用了截然不同的方法，但殊途同归。如果说两者之间还有什么差异的话，就是牛顿把运动学的思想结合进去，在广度和深度上要比莱布尼茨的造诣深一些；而莱布尼茨则在使用数学符号和表达上更为恰当，更容易被普通知识阶层接受。

第十八章 最后的岁月

我不过是一个在海边玩耍的孩子，不时为拾到比通常更光滑的石子或者更美丽的贝壳而沾沾自喜，却全然没有发现展现在我面前的浩瀚的真理海洋。

——牛顿

（一）

基督徒相信，世间万物皆源于上帝的创造与安排。在欧洲大陆和英国，人们对这一观念深信不疑，牛顿也是其中之一。

在成长过程中，牛顿深受清教仪式、观念和伦理的影响，心中的天主教信仰逐渐淡化。但这并不影响他对上帝的虔诚，因为清教徒只反对教会，并不反上帝。青年时代，牛顿几乎将全部精力都投入到科学研究和科学探索之中，对宗教并没有太多的热情。但告别科学之后，他也逐渐走向了神学。

牛顿处在一个复杂的时代里。一方面，自然科学得到了飞速的发展，对自然界的认识也越来越深刻；另一方面，神学依然统治着思想领域。作为一名基督徒，牛顿也相信世界是由上帝创造的，只不过需要人类进行探索罢了。

在《自然哲学的数学原理》一书中，牛顿只在一处不大显眼的地方提到了上帝，而且在描绘上帝时也不像后来那么神秘。他说：

"我们在不同时间、不同地点所看到的所有各种自然事物，只能发源于必然存在的上帝的思想和意志之中。我们可以用一个比方来说，上帝能见、能听、能言、能笑、能爱、能恨、能有所欲、能授予、能接受……于是，上帝将各行星安置在离太阳的不同距离上。"

由此可以看出，直到17世纪80年代末，上帝在牛顿的眼中也不过和普通人差不多，其身上的人性远远多于神性。正因为如此，他的《自然哲学的数学原理》遭到了宗教界保守势力的猛烈抨击。他们认为，牛顿企图反对上帝创世说。

面对强大的反对浪潮，牛顿不得不痛苦地思考科学与宗教的关系，以及上帝的存在等问题。善于接受别人的质疑是牛顿良好的治学态度之一，但这一优点有时也会成为缺点，因为自幼缺乏自信的牛顿并不善于分辨哪些质疑是值得接受的，哪些质疑是无需考虑的。就这样，牛顿在一片质疑声中逐步走向了神学的故纸堆之中。再加上在研究过程中遇到的困惑日益增多，牛顿越发虔诚。他认为，唯有承认上帝的存在，才能解释世界的完美与缜密。

1692年，时任三一学院院长的理查德·本特雷神父根据著名科学家波义耳的遗嘱，举办了一个反对无神论的讲座。该讲座一共开设了8次，总题目是"对无神论的反驳"。为了证明上帝的伟大作用，本特雷打算以牛顿的《自然哲学的数学原理》作为最后两讲的依据。

在整理讲稿时，本特雷才发现，他根本无法透彻地理解万有引力定律。于是，他便给牛顿写了一封信，寻求帮助。牛顿非常热情，立即给本特雷神父写了一封回信。

在这封回信的开头，牛顿就开宗明义地说：

"我在撰写关于宇宙体系的著作时所关注的就是让那些有思想的人

信仰上帝。当我发现我的著作对这个目的有用处时，我高兴极了。实际上，再也没有什么事情能比这更让我高兴了。"

随后，牛顿告诉年轻的牧师说：

"空间发生的事情，即行星运行不是由于自然原因，而是由于理智的上帝。如果没有神臂之助，我不知道自然界中还会有什么力量竟能引起这种横向的运动。"

在这里，牛顿已经将他的思想表述得很清楚了。他相信，行星围绕太阳运动的初始动力来自于上帝的推动。也就是说，上帝在创造宇宙万物之时，对行星进行了第一次推动，这些行星而后便在万有引力的作用下，沿着既定的轨道不停地运转下去了。

1703年之后，牛顿在皇家造币厂的工作日益减少。在业余时间里，他除了修订已经出版的《自然哲学的数学原理》和整理即将出版的《光学》之外，几乎将所有的时间都用来研究神学了。他是如此虔诚，以至于任何一位神学家都不能与之相提并论。

（二）

作为一名思维缜密的学者，牛顿经过十余年的刻苦钻研，终于在神学上达到了相当的高度。他以一种诚挚和执著的精神，热切地表达自己的观点和看法。在《圣经》和神学方面，牛顿晚年撰写了130~140万字的论著，但发表的并不多。

牛顿的好朋友、著名的哲学家约翰·洛克就曾对牛顿在神学方面的造诣给予了高度的评价。在他看来，牛顿不光是一个伟大的科学家，还是一个伟大的神学家。他说：

"牛顿确实是一位大学者，不仅在数学上作出了惊人的贡献，在神学上也作出贡献。他精通《圣经》，在这方面没有人可与之匹敌。"

1704年，当《光学》出版之时，牛顿又描绘了上帝神奇的另一面。他说：

"从自然现象中难道看不出有一位上帝吗？他无实体却生活着，有智慧，而且无所不在。他在无限的空间中，正像他在感觉中一样，看到万物的底蕴，洞察万物……"

1713年，《自然哲学的数学原理》第二版出版了。牛顿在书中大谈特谈上帝，甚至为此增加了一篇《总论》。在《自然哲学的数学原理》第二版中，不但上帝一词出现了几十次之多，而且字里行间里也透着肉麻的吹捧。他说："我们只是通过上帝对万物最聪明和最巧妙的安排，以及最终的原因，才对上帝有所认识。我们因为他至善至美而钦佩，因为他统治万物。我们是他的仆人，我必须敬畏他、崇拜他！"

有学者指出，牛顿在晚年一头钻进神学之中的另外一个原因是他太寂寞了。撇开科学和仕途上的成就，牛顿的一生都没有获得世俗的幸福。未出生，他的父亲便去世了；童年时，母亲的改嫁给他的心灵造成了无法弥合的伤痛；青年时期，他唯一爱恋的少女斯托瑞又嫁给了别人；后来，他的朋友和对手们又一个接一个地去世。

1719年，牛顿生前最后一个争吵对象也离开人世，他就是格林尼治皇家天文台第一任皇家天文学家约翰·弗兰斯蒂德。弗兰斯蒂德是一位自学成才的天文学家，他和他曾经的助手哈雷之间的敌对情绪十分严重。

1681年，他曾向牛顿请教彗星的问题。当时，牛顿错误地认为这一年会出现两次的彗星是两颗，而不是弗兰斯蒂德认为的一颗。这一分歧为两人以后的不和埋下了种子。

1699年之后，牛顿在科研上投入的精力越来越少，但依然在关注月球运动的问题。当时，弗兰斯蒂德也在研究这一问题。因此，两人之间经常通信，交流看法。

　　然而，患上忧郁症的牛顿脾气变得越来越古怪、越来越偏执了。他不但不能耐心地等待弗兰斯蒂德的最新观察结果，甚至完全不把这位皇家天文学家放在眼里。在给弗兰斯蒂德的一封信中，牛顿极为傲慢地写道：

　　"我要的不是你的计算，只是你的观测！"

　　弗兰斯蒂德委屈极了，他给牛顿写了一封大鸣不平的回信：

　　"我承认，金属丝比制成它的金子要值钱。但是，我把这种金子收集起来，加以提炼和清洗，因此我并不希望您由于轻易地得到我的辅助劳动而瞧不起我！"

　　弗兰斯蒂德的抱怨并没有引起牛顿的重视。当时，牛顿几乎已成为英国科学界的神明，没有任何人敢于反对他。1712年，牛顿和他的忠实支持者哈雷公布了弗兰斯蒂德在皇家天文台的观测成果。应当指出的是，牛顿在这件事情所做的决定太武断了，他根本没有征得弗兰斯蒂德的同意，就将这些宝贵的第一手材料印了出来。

　　弗兰斯蒂德非常愤怒。他大量收购牛顿私印的这些书籍，将其在伦敦郊外付之一炬。为了缓和这种紧张的关系，牛顿向皇家学会推荐弗兰斯蒂德的恒星表——《英国天体史》。可时间不久，就在弗兰斯蒂德着手准备出版该书之时，他和牛顿又闹翻了。从此，两人之间的争吵和猜忌便一直持续下去，直到弗兰斯蒂德逝世为止。

　　弗兰斯蒂德逝世之后，牛顿感到了前所未有的孤独。环顾周围，朋友没几个了，敌手也没几个了，数十年沧桑往事都已成为过眼烟云，比他年长和他同辈之人大多都不在人世了，就连他的晚辈中也有相当一批走在了他前面。

　　尽管社会各界依然向伟大的艾萨克爵士投来尊敬、崇拜、谄媚的话语和目光，但谁又能了解他内心的孤寂呢？晚年的牛顿经常一个人在那豪华的宅邸里踱来踱去，摸摸这，看看那，喃喃自语道：

"我拥有什么呢？我几乎什么都没有，就连自己也快要走到生命的尽头了！"

（三）

古今中外的大作家们曾不厌其烦地宣称：时间最公平的便是衰老与死亡，它们不会因为你是帝王贵胄而怜惜你，也不会因为你是普通百姓而刻意折磨你，每个人在它们的面前都是平等的。在朋友和对手一个接一个离开人世之时，牛顿也不可避免地走向了衰老与死亡。

幸运的是，牛顿的身体还不错。虽然年事已高，但并没有得过什么严重的疾病。每天早晨，他都会按时起床，匆匆吃完凯瑟琳为他准备的早餐，然后坐上漂亮的四轮马车去皇家造币厂上班。

1722年，年届80岁的牛顿遇到了一点小麻烦。一天早晨，他从床上爬起来，踱向厕所。通常，他几分钟就会从里面走出来。但那一天，他的外甥女凯瑟琳发现，牛顿足足在厕所里待了一个小时。凯瑟琳有些着急了，在厕所门外高声叫道：

"艾萨克舅舅，你怎么了？"

过了一会儿，厕所里传来了牛顿沮丧的声音：

"没什么，我好得很！"

但实际情况是，牛顿正在厕所里伤心呢！他感到小便不太方便，这是从未出现过的新情况。

又过了一会儿，牛顿回到了客厅，准备进餐。凯瑟琳坐在他的对面，静静地注视着他。突然，牛顿开口道：

"亲爱的凯瑟琳，我想你应该去请一个医生回来。"

凯瑟琳不敢怠慢，一边吩咐仆人到造币厂那边为牛顿请假，她自己则马上去请医生。临近中午，凯瑟琳陪着医生坐着牛顿的那辆四轮马车上在豪华的宅邸前停了下来。凯瑟琳跳下马车，领着医生来到了牛顿的卧室。

牛顿抬眼望了望凯瑟琳和医生，打招呼道：

"你好，医生。"

医生立即回礼道：

"您好，尊贵的艾萨克爵士。"

牛顿挪了挪身子，对医生说：

"那么，我们现在开始检查吧。"

医生打开医药箱，拿出一些精致的医疗器械，开始为牛顿检查身体。忽然，他不自觉地皱了皱眉，这稍现即逝的表情被敏锐的牛顿察觉到了。他立即问道：

"先生，请您告诉我，情况很糟糕是吗？"

医生略一沉思，便将牛顿的病情如实讲了出来：

"艾萨克爵士，您得了膀胱结石。您知道，目前我们医学界对此还无能为力。"

"那么，难道就这样下去吗？"牛顿问道。

医生尴尬地回答说：

"嗯，我暂时还无法医治这种病。不过，您可以用食物疗法和其他措施来减轻痛苦。"

牛顿轻叹道：

"死神的脚步已经临近了。"

医生真诚地祝愿道：

"愿上帝保佑您，尊贵的艾萨克爵士。"

牛顿知道，他的病无法医治，只有听天由命了。既然如此，也不必请假了，他希望将自己的余生全部用在工作上。送走医生之后，牛顿叫来仆人，要他陪自己走路到造币厂上班，因为乘坐马车会加重他的痛苦。

凯瑟琳按照医生的嘱咐买来了大量的蔬菜和水果，医生说多吃蔬菜和水果有利于缓解牛顿的病痛，而吃肉则会加重他的病情。于是，在牛顿生命的最后几年，凯瑟琳一直严格控制着牛顿的饮食，只准他吃素，偶尔给他一点儿肉汤解解馋。

（四）

痛苦的日子一天天熬过去了。功夫不负有心人，两年的精心调养果然初见成效。1724年8月，在医生的帮助下，牛顿排出了两粒结石。这下，牛顿感觉轻松多了，他认为自己完全恢复了正常，可以像从前一样工作和生活了。他的亲戚朋友们也都为这个好消息而欢欣鼓舞。但事情并不像想象得那么美好，各种病魔一股脑地侵向这位老人的躯体。风湿病、胆结石和肺炎接踵而至，年事已高的牛顿再也支撑不下去了。

1925年1月，牛顿旧病复发，剧烈的疼痛将他折磨得死去活来，他似乎已经看到了正在向他招手的死神。医生和朋友们都建议他搬到安静的郊区去养病，牛顿非常顺从地接纳了这一建议。

不久，朋友们便在肯辛顿替他找了一所新房子。当时，肯辛顿还是伦敦的郊区，并不像今天这样繁华。那里环境幽雅，空气清新，是安心静养的好住处。

在肯辛顿住了一段时间后，牛顿感觉好了些。但那里离皇家造币厂太远，他已经无法正常去上班了。经过一番思虑之后，牛顿产生了退意。

当年2月，牛顿辞去了皇家造币厂总监的职务。而凯瑟琳的丈夫康杜伊特在牛顿的帮助下，顺利地成为新任皇家造币厂的总监。

从此之后，牛顿便开始安心地在肯辛顿休养。从表面上看，他的健康状况似乎有所好转，但实际情况并非如此，他的病情已经越来越重。在生命的最后一年，牛顿突然有一种强烈的预感，上帝会在一个安静的黄昏召回他的生命。他曾不止一次地对凯瑟琳说：

"亲爱的凯瑟琳，你知道吗？我看见上帝了，他在向我招手呢！"

凯瑟琳安慰可怜的舅舅说：

"艾萨克舅舅，你想得太多了！上帝怎么会忍心从人间召回一位伟大的科学家呢？"

牛顿有气无力地回答说：

"你别安慰我了！我知道，这一天已经不远了！"

随后，整个房间便陷入一阵可怕的沉寂。牛顿静静地坐在沙发上，两眼直愣愣地看着窗外。凯瑟琳有些害怕，一刻也不敢离开房间。她坐在牛顿对面的沙发上，一言不发地看着牛顿的白发。

突然，牛顿又开口道：

"我想到外面走一走。你知道，我已经很久没有去皇家学会了，不知道那帮家伙又在搞什么新花样。"

凯瑟琳沉思了一会儿，低声回答说：

"好吧，我马上为您安排。"

说完，凯瑟琳走出房间去安排马车了。牛顿一个人坐在房间里，回想起过去在皇家学会的日子。他想起了第一次主持皇家学会例会时的情景，想起了罗伯特·胡克和克里斯蒂安·惠更斯、莱布尼茨、约翰·弗兰斯蒂德……

这些著名的科学家早已作古了，如今自己也快要去见他们了。如果真的存在另外一个世界，见面之后，大家还会争论不休吗？

正想着，凯瑟琳回来了。她已经为牛顿的伦敦之行做好了一切必要的准备。牛顿从思想的国度回到现实之中，由凯瑟琳搀扶着慢步走向马车……

几个小时之后，牛顿出现在皇家学会的会议室。会员们对这位白发苍苍的主席的出现报以长时间热烈的掌声。他们都清楚，这样的机会以后不多了。

和往常一样，牛顿像一位威严的家长，坐在会员的中间，开始主持会议。他的声音有些颤抖，发音也不大准确。会员们望着牛顿的白发，心里十分感动。尽管这只是一次普通的例行会议，但由于牛顿的出现，它的意义也变得非常重大。直到多年之后，皇家学会的会员们还能清楚地记得，那一天是1727年2月28日，因为那是牛顿最后一次参加皇家学会的会议。

（五）

主持完皇家学会的例行会议之后，牛顿又意犹未尽地跑去看望了几位老朋友。他看上去很开心，但身体再也无法支持马不停蹄的生活节奏了。3月4日，筋疲力尽的牛顿带着无限遗憾挥手告别了伦敦，乘坐马车回到肯辛顿。

由于旅途劳顿，牛顿的病情又恶化了，胆石症、膀胱结石、痛风和肺炎合力折磨着这位84岁的老人。在牛顿生命的最后十几天里，凯瑟琳和医生昼夜守护在他的身边。牛顿的脾气也一反常态地好了起来，虽然巨大的疼痛折磨得他汗如雨下，但他仍然时常对医生和凯瑟琳说：

"你们去休息一下吧，我没事。"

3月15日一早，牛顿早早起了床。他的病情看上去缓和很多，脸色也红润起来。凯瑟琳还高兴地说：

"艾萨克舅舅，你今天看起来精神多了！"

牛顿回答说：

"是啊！我感觉自己似乎又回到了年轻时代，浑身充满了力气。"

随后，牛顿吩咐凯瑟琳把早上的报纸拿过来。在牛顿看报纸时，医生就待在旁边观察他的精神状况。牛顿一边看报纸，一边有一搭没一搭地同医生聊天。凯瑟琳则忙前忙后，为两位先生煮咖啡。

医生心里很清楚，牛顿的身体状况根本没有好转，眼前的景象不过是回光返照。这意味着，那可怕的时刻马上就要来临了。

果然，到了傍晚时分，牛顿就失去了知觉，静静地躺在床上，似乎已经完全失去了意识。凯瑟琳带着哭腔在一旁喊道：

"艾萨克舅舅，艾萨克舅舅……"

但无论她怎么喊，牛顿始终没有一丝反应。过了一会儿，医生走上前去，将凯瑟琳拉开，轻声道：

"太太，您要做好最坏的打算，艾萨克·牛顿先生已经走到了生命的尽头，就像一只燃尽的蜡烛，随时可能熄灭。"

3月20日凌晨，艾萨克·牛顿在睡梦中安然长逝了。他双目紧闭，伟大的头脑也彻底停止了工作。

牛顿逝世的消息传开之后，整个伦敦立即陷入巨大的悲痛之中。国王乔治一世立即下令，为牛顿实施国葬。牛顿肯定没有想到，他能在生命的终点上享受如此崇高的荣誉，他也成为人类历史上第一个获此殊荣的自然科学家。

3月28日，牛顿的葬礼在伦敦威斯敏斯特大教堂耶路撒冷厅隆重举行了。牛顿的灵柩被安放在一辆马车上，缓缓地从肯辛顿运往伦敦。一路上，成千上万的普通市民和贵族夹道护送，黯然地抹着眼泪。他们不知道，失去了牛顿之后，这世界会变成什么样子。

法国著名的启蒙思想家伏尔泰（1694—1778）亲眼目睹了这一感人情景。他在回忆中说：

"英国人悼念牛顿就像悼念一位造福于民的国王一样……英国的大人物们都争着抬牛顿的灵柩，以此作为一生的光荣！"

　　洛切斯特教区大主教为他主持葬礼，钱洛塞尔勋爵、蒙特洛斯公爵和麦克莱斯菲尔德伯爵亲自为他抬灵柩。除此之外，英国著名的艺术家、学者、政治家、元帅和海军上将几乎也全都到齐了。伏尔泰本人也按捺不住心中的悲痛，悄然走上前去，虔诚地从牛顿所戴的桂冠上摘下一片叶子，作为永久的纪念。

　　葬礼结束后，牛顿的灵柩被缓缓葬入威斯敏斯特大教堂唱诗班入口处的左面。这里成为他最后的归宿。

　　1731年，一座雄伟的巴洛克式纪念碑在威斯敏斯特教堂最显眼的地方竖立起来。纪念碑的一面刻了一组浮雕，用以展现牛顿不平凡的一生和不平凡的成就；另一面上刻着墓志铭：

　　　　这里安睡着艾萨克·牛顿爵士。

　　　　他以超乎常人的智力，

　　　　用他的数学火炬，

　　　　第一个证明了行星的运动和形状，

　　　　彗星的轨道和海洋的潮汐。

　　　　他孜孜不倦地研究光线的不同折射角，

　　　　以及由此所产生的颜色的性质，

　　　　而这些都是别人连想都没有想到的。

　　　　对自然、历史和《圣经》，

　　　　他都是一个勤奋、敏锐和忠实的诠释者。

　　　　他以自己的哲学证明了上帝的庄严，

　　　　并在他的举止中表现了福音的纯朴。

　　　　让人类为曾经有过这样一位伟大的人类之光而欢呼吧！

牛顿生平大事年表

1643年1月4日　艾萨克·牛顿出生于英国林肯郡伍尔兹索普的一个普通农家。

1646年　母亲改嫁，给幼年牛顿的心灵造成了无法弥合的创伤。

1648年　在外祖父母的安排下进入伍尔兹索普附近的两日制小学读书，学习拉丁语、英语和简单的算术。

1655年　小学毕业，考入格兰瑟姆公立中学读书，初步接触物理、化学等知识。

1659年　被迫辍学9个月，后在舅舅威廉·艾斯库和格兰瑟姆中学校长斯托克斯的努力下得以重返校园。

1661年　从中学毕业，顺利以"减费生"身份考入剑桥大学三一学院。

1663年　被导师普莱恩教授介绍给卢斯卡数学讲座教授艾萨克·巴罗，并在其指导下开始系统学习自然科学知识。

1665年　获得文学学士学位。同年5月，返回故乡伍尔兹索普躲避瘟疫，研究微积分，初步发现万有引力定律，构建了光学理论体系等。

1667年　返回剑桥大学。当选为选修课研究员，并迅速升为主修课研究员。

1668年　亲手磨制镜片，制造出了世界上第一架实用的反射望远镜。

1669年　在巴罗教授的推荐下就任卢斯卡数学教授。

1672年　因为制造出世界上最先进的反射望远镜而被选为皇家学会会员。

1675年 获得英国国王查理二世的恩准，以非神职人员的身份保留主修课研究员的职位。

1679年 母亲汉娜去世。皇家学会新任秘书胡克写信敦促牛顿继续研究天体动力学问题。

1684年 结识年轻的天文学家哈雷，并在其敦促下用数学方法论证了反比平方定律。

1687年 正式出版巨著《自然哲学的数学原理》，公开了微积分、万有引力定律等重要成果。

1689年 被剑桥选区选为众议院议员。

1694年 被任命为皇家造币厂督办。

1699年 接任皇家造币厂总监，成为皇家造币厂的"一把手"。

1701年 正式辞去剑桥大学的卢卡斯数学教授一职。

1703年 当选为皇家学会新任主席。

1704年 出版了又一里程碑式的巨著《光学》，并由此引发与德国数学家莱布尼茨的争论。

1705年 被安妮女王授予爵士爵位，成为一名新贵族，登上仕途顶点。

1713年 正式出版了《自然哲学的数学原理》第二版。

1725年 因身体原因搬到肯辛顿静养，并辞去皇家造币厂总监之职。

1727年3月20日，牛顿在睡梦中安然长逝，终年84岁。